www.ingramcontent.com/pod-product-compliance
Lightning Source LLC
Chambersburg PA
CBHW060259050426
42448CB00009B/1691

دانش چهره شناسی

و

پیشگوئی

دانش چهره شناسی

و

پیشگوئی

با فال قهوه

نویسنده: احسانی خوانساری

دانش چهره شناسی و پیشگوئی

نویسنده: احسانی خوانساری

ویراستار و تنظیم کننده: بهنام احسانی

موضوع: فال قهوه

ثبت: ۲۰۱۳

چاپ اول: ۲۰۱۴

چاپ: کرییت اسپیس (CreateSpace)

ISBN: 978-0-9904978-0-6

آدرس: صندوق پستی ۵۰۳۴۱ ، ارواین، کالیفرنیا ۹۲۶۱۹

فهرست مطالب

بسمه تعالی

خلاصه موضوع و محتوی کتاب

کتاب چهره‌شناسی، تأثیر رنگها و فال قهوه بقلم اینجانب تعلیف و تدوین یافته است. این کتاب حاصل تجارب روانکاری نویسنده و معاشرت با گروههای مختلف مردم در طول سالیان متمادی بوده است.

آنچه در این کتاب مورد توجه است، دانش چهره‌شناسی با توجه به علائم و مشخصات چهره و جنبه‌های روانی آن است که به تقریب شامل حال اکثریت افراد جامعه است. تأثیر رنگها بر شخصیت انسان نیز از نظر روانی با واقعیتها منطبق است و اگر بگوئیم با توجه به علاقه شما بر هر یک از رنگها تا حدودی می‌توان به شخصیت فرد پی برد، بی‌دلیل نیست.

فال قهوه نیز اگرچه جنبه تفریح و تفنن آن بیش از جنبه‌های دیگر است ولی بسیار جنبه اخلاقی و راهنمائی دارد. شخص با خوردن فنجان قهوه خستگی را از وجود خسته خود میزداید و تفالی نیز میزند. در اثر تجارب

و بررسی نویسنده هر یک از سمبلهائی که در فنجان قهوه نقش می‌بندد نشانگر احتمالاتی است که ممکن است در آینده برای هر شخصی بوقوع بپیوندد و هشداری است به صاحب فال که در آینده بیشتر متوجه خطرات احتمالی باشد. از لحاظ روحی و اجتماعی نیز جنبه اخلاقی آن زیاد است و همه را مورد نصیحت قرار می‌دهد: برای مثال اشکال زیر چنین تعبیر شده است.

دیو: بدبینی را کنار بگذارید و از مشکلات وحشت نکنید.

خنجر: به دوستان ناباب اعتماد نکنید، خطر بزرگی شما را تهدید می‌کند.

آتش: از تصمیم‌گیری عجولانه بپرهیزید مرور زمان بنفع شما است.

پروانه: ازدیاد درآمد خود را بیهوده صرف نکنید کمی هم بفکر آینده باشید.

سوسک: مواظب باشید در کاری که احتمال آبروریزی است شرکت نکنید.

شاخ: از وفور نعمت که در اختیار شما است قدرشناس باشید و آنرا بیهوده تلف نکنید.

کلیسا: از پول و ثروتی که در انتظار شما است مقداری در راه خدا صرف کنید.

از جنبه کلی این کتاب این حسن را دارد که هر خانواده با خریدن یک نسخه طرز درست کردن قهوه را فرا می‌گیرد و تفالی میزند و اطرافیان و خود را خوشحال می‌کند.

والسلام

بخش ۱

چهره شناسی

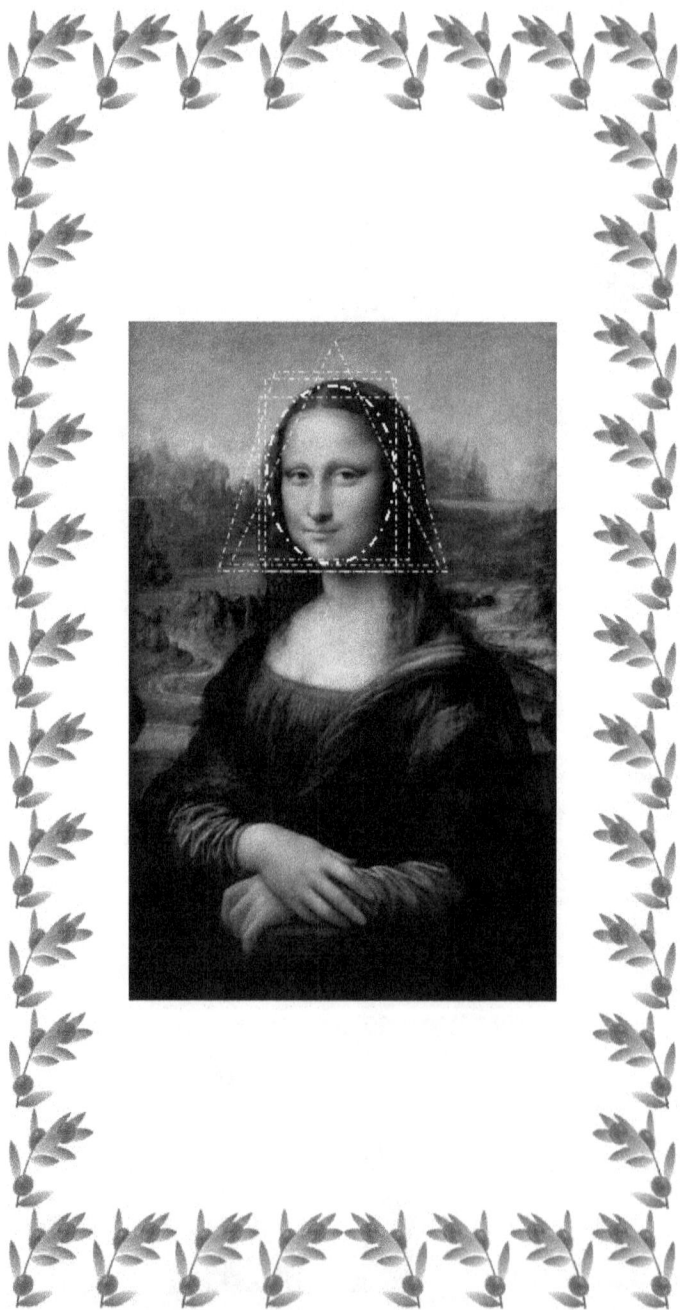

چهره شناسی

درواقع، علم چهره‌شناسی را می‌توان به چینی‌ها متعلق دانست. این علم و یا هنر برای قرنها در آن سرزمین مورد استفاده قرار می‌گرفت و از همانجا توسط مهاجرین به سرزمینهای دیگر برده شـد. در حقیقت صورت چهره هر شخص، نقشه‌ای است برای مطالعه نه تنها شخصیت بلکه پیش‌بینی سرنوشت صاحب چهره. طبق روشی که دنبال می‌کنیم سعی می‌کنیم از توضیح طولانی در مورد این رشته و تاریخچه آن دوری کرده و برویم سر اصل مطلب.

چهره‌ها بطورکلی به پنج شکل مهم تقسیم می‌شوند که هر کدام از این فرمها خصوصیات کلی صاحب چهره را تفسیر می‌کند. «تصویر شماره ۱»

۱ـ صورت‌گرد: صاحب این گونه چهره فردی است بسیار درویش مسلک، مهربان که عاشق صلح و صفا می‌باشد فرد می‌تواند عاشق بسیار خوبی باشد.

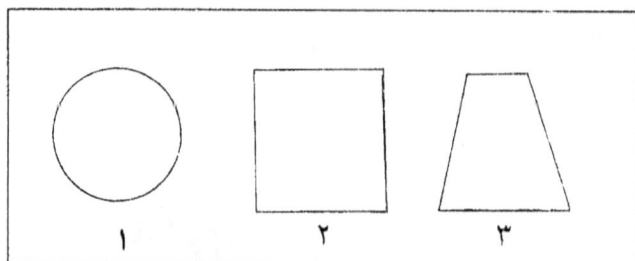

۲ـ صورت چهارگوش: صاحب یک چنین چهره‌ای حتما از اراده بسیار قوی برخوردار است و باحتمال زیاد نیز برهبری گروهی خواهد رسید. جنگجوی بسیار خوبی است و در عشق و شغل بسیار رک‌گو و مصمم می‌باشد.

۳ـ صورت شبه مثلث: صاحب یک چنین صورتی از هوش بسیار زیاد و استعداد فوق‌العاده هنری برخوردار می‌باشد. این فرد عاشقی بسیار مهربان و وفادار به حساب می‌آید.

۴ـ صورت سه گوش: صاحب یک چنین چهره‌ای بسیار حساس می‌باشد. فرد با وجود باهوش بودن بسیار درونگرا نیز می‌باشد. این‌گونه افراد بعضی وقتها رویائی و رویاپرست می‌شوند و امکان زیادی نیز وجود دارد که حیله‌گر نیز باشند این‌گونه افراد می‌توانند خیلی حسود باشند و در عین حال کمترین وفاداری نسبت به همسر و محبوبشان ندارند.

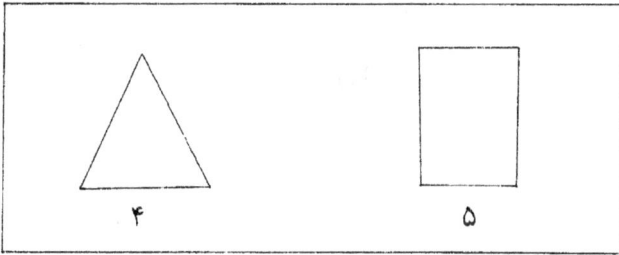

۵ـ صورت مستطیلی: صاحب اینگونه چهره همیشه در زندگی موفق می‌باشد. جاه‌طلب هستند و حتما نیز به مقامهای بالائی خواهند رسید. بسیار قدرتمند هستند و همه را در سطح پائینتر از خود می‌بینند.

حال سعی می‌کنیم کمی بیشتر در جزئیات صورت تحقیق بکنیم و با مقایسه تک تک جزئیات صورت یک فرد می‌توانیم براحتی او را بشناسیم.

ابروها

تصویر شماره ۲ = دلپسندترین ابروها آنی است که بسیار تمیز و کشیده باشد و قوس زیبائی روی چشم باشد.

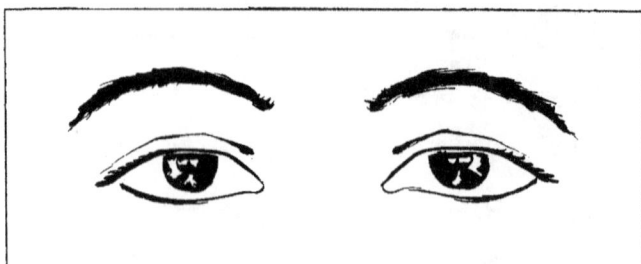

تصویر شماره ۳ = اگر انتهای باریک ابروئی به طرف بالا متمایل شده باشد صاحب آن بسیار شجاع و وفادار می‌باشد و درسخت‌ترین شرایط نیز دوست و محبوبش را تنها نخواهد گذاشت.

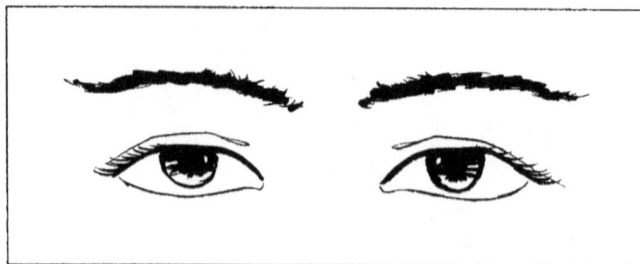

تصویر شماره ۴ = اگر انتهای باریک ابروئی دراز و متمایل به پائین باشد صاحب آن بسیار خوش‌شانس خواهد بود و در موقعیت اجتماعی حتما مقام بالائی خواهد یافت و بسیار ثروتمند خواهد شد. و داشتن همسری با این مشخصات آرامش خیال بدنبال خواهد داشت.

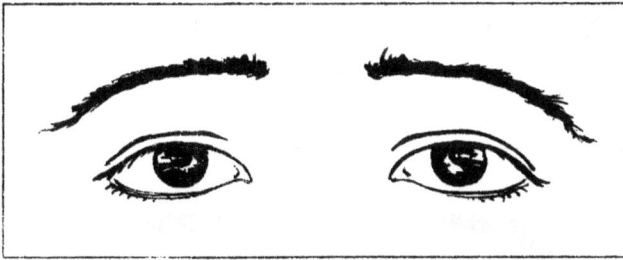

تصویر شماره ۵ = اگر ابرو پرپشت و کوتاه باشد صاحب آن بسیار با شخصیت و خانواده دوست و متعصب خواهد بود.

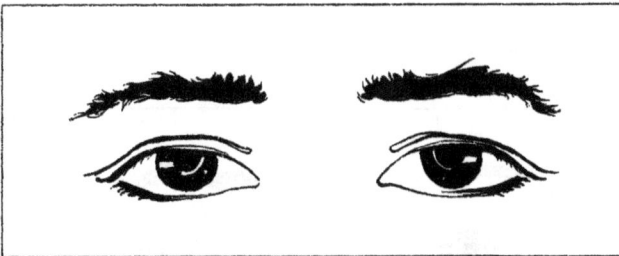

تصویر شماره ٦ = اگر موهای ابروئی در دو جهت مخالف رشد کرده باشند صاحب آن غیرقابل اعتماد و اطمینان خواهد بود.

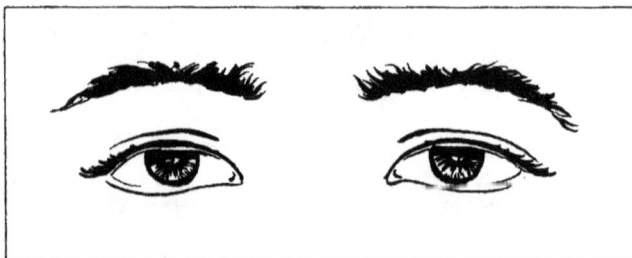

تصویر شماره ۷ = اگر ابروانی بطور مستقیم متمایل به بالا باشند صاحب آن بسیار رویائی و می‌تواند عاشقی بسیار هیجان انگیز باشد.

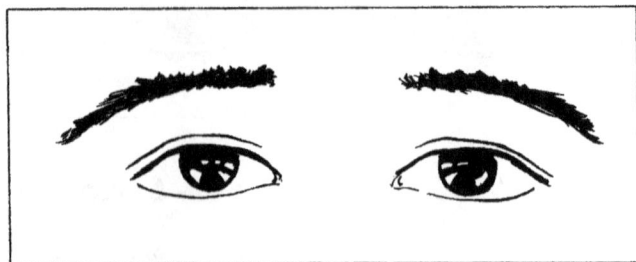

تصویر شماره ۸ = ابروان قوسی به شخصی تعلق دارد که بسیار زورگو، خودمختار و با قدرت بیش از اندازه و غیرقابل کنترل جنسی می‌باشد.

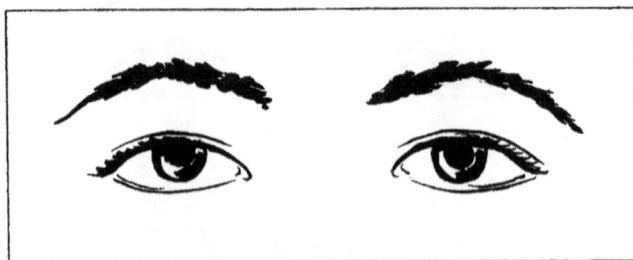

تصویر شماره ۹ = ابروانی که در وسط بهم رسیده باشند به شخصی تعلق دارند که بسیار مصمم می‌باشد و بجز عقیده خودش به عقیده کسی اهمیت نمی‌دهد و می‌تواند عاشقی بسیار زورگو باشد.

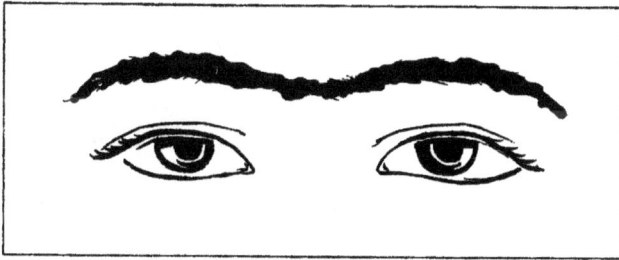

تصویر شماره ۱۰ = صاحب ابروان مستقیم و بهم چسبیده، بسیار رک‌گو هستند و به نظریه عقاید دیگران در مورد خود کمترین اهمیتی نمی‌دهند.

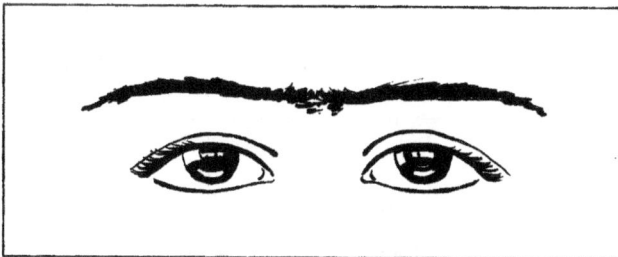

چشمها

تصویر شماره ۱۱ = صاحب چشمهای درشت، بسیار حساس و درعین حال از صمیمیت زیاد برخوردارند.

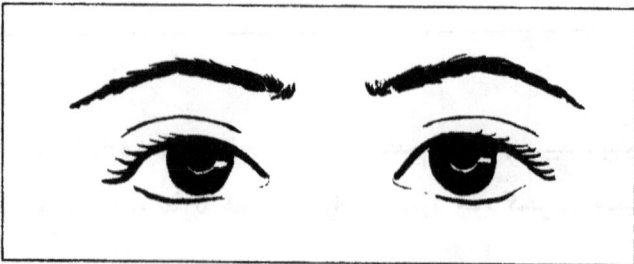

تصویر شماره ۱۲ = اگر مردمک چشمی درشت باشد صاحب آن بسیار سخاوتمند و وفادار و صمیمی می‌باشد و نسبت به معشوق و همسر وفادار خواهد بود.

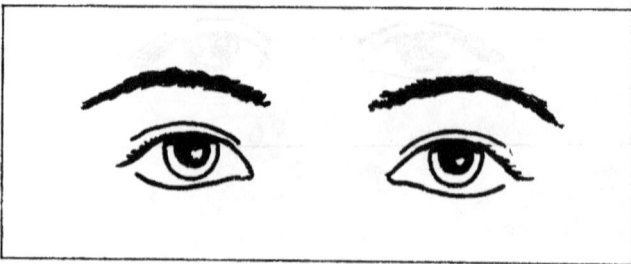

تصویر شماره ۱۳ = اگر مردمک چشمی کوچک است صاحب آن حساس و شخصیتی منزوی‌طلب خواهد داشت.

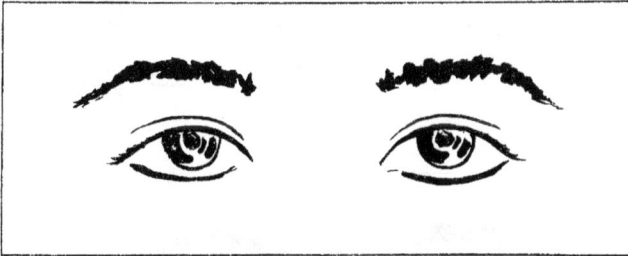

تصویر شماره ۱۴ = اگر عنبیه چشمی درشت باشد، صاحب آن بسیار حساس بوده و براحتی می‌رنجند و ممکن است بدون دلیل خوشحال بشوند و با کوچکترین بهانه‌ای به گریه بیافتند...

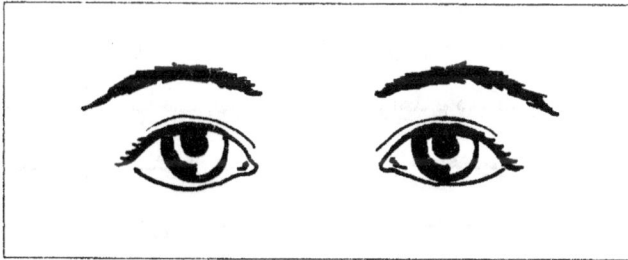

تصویر شماره ۱۵ = اگر عنبیه چشمی کوچک باشد صاحب آن احتیاج بسیار زیادی بتوجه دیگران دارد و بسادگی احساسش را بروز نمی‌دهد.

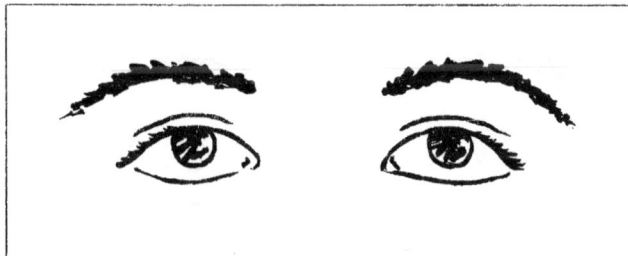

تصویر شماره ۱٦ = چشمانی که بیش از حد معمول بهم نزدیک باشند، صاحب آن بسیار نکته‌سنج خواهد بود و جزئیات هیچ چیزی از نظرش دور نخواهد ماند. گاهی مواقع نیز یک چنین افرادی می‌توانند بسیار تنگ‌نظر باشند.

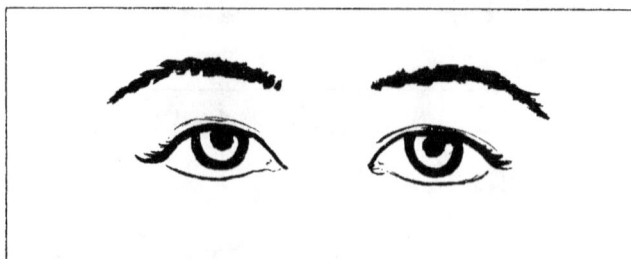

تصویر شماره ۱۷ = اگر چشمانی بیش از حد معمول از هم فاصله داشته باشند، صاحب آن بسیار متفکر خواهد بود. یک چنین شخصی از وسعت فکری بیش از اندازه‌ای برخوردار خواهدبود و بطورکلی یک چنین فردی را می‌توان بسیار باهوش و درعین حال روشنفکر نامید. خواسته‌ها و توقعات یک چنین شخصی از زندگی بیش از حد می‌باشد و اراده‌اش را هم دارند که بتمام خواسته‌هایشان برسند.

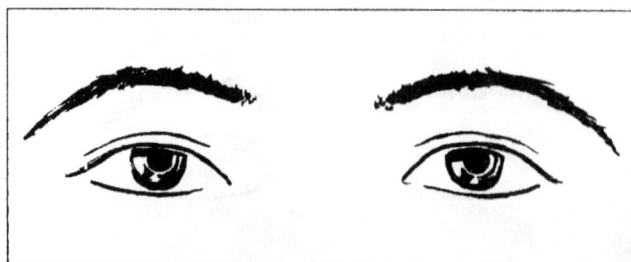

دماغ

دماغ کوتاه = صاحب یک چنین دماغی حتما دارای شخصیتی ممتاز می‌باشد با روحیه‌ای بسیار شاد و با دست‌دلبازی بسیار زیاد. عشق برای یک چنین شخصیتی بسیار مهم به شمار می‌رود و خود نیز بسیار عاطفی می‌باشد.

دماغ بلند = قدرت اراده بسیار زیاد و طبیعت گرم از مختصات یک چنین دماغی هستند. یک چنین شخصی از نظر جنس مخالف بسیار محبوب می‌باشد و درعین حال خود نیز فردی بسیار مسئول به حساب می‌آید. اگر دماغ شخصی بسیار بلند باشد شخص بیش

از اندازه جاه‌طلب خواهد بود. و درعین حال بسیار کله شق.

تصویر شماره ۱۸ = اگر دماغی بصورت محدب باشد صاحب آن عاشق تفریح می‌باشد و همه سعیش را برای خوشحال نمودن دوست و محبوب و همسر خود خواهد نمود. و درعین حال صاحب یک چنین دماغی شخصی بسیار پول‌پرست خواهد بود ولی اگر کسی صاحب دماغ مقعری باشد، برعکس بالائی بسیار سخاوتمند و دست و دلباز خواهد بود و برای محبوب و همسرش مرتب کادوهای گرانبها خواهد خرید.

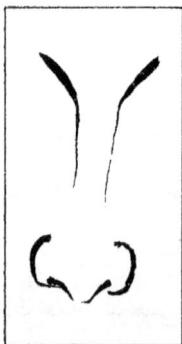

تصویر شماره ۱۹ = اگر دماغی بسیار باریک صاحب آن شخصی بسیار کوشا و جدی خواهد بود.

تصویر شماره ۲۰ = اگر دماغی بسیار پهن باشد صاحب آن بسیار حسابگر خواهد بود و درعین حال در عشق و ازدواج بسیار وفادار خواهد بود.

لبها

تصویر شماره ۲۱ = اگر شخصی صاحب لبهای باریک باشد هرگز نباید از او انتظار ابراز عشق و عاطفه زیاد داشت و هرگاه یک چنین شخصی بشما ابراز عشق بکند باید آنرا جزو یکی از معجزات بحساب بیاورید.

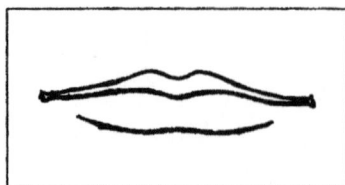

تصویر شماره ۲۲ = صاحب لبهای پرگوشت و کلفت حتما بسیار حراف تشریف دارد و سخنش نیز دلنشین خواهد بود. این شخص همیشه

آماده کمک به کسانی است که احتیاج باو دارند. درعین حال که سخنران بسیار خوبی به حساب می‌آیند مستمع فوق‌العاده‌ای نیز هستند. این‌گونه افراد بسیار قابل اعتماد می‌باشند و از طرف دیگر بسیار شهوت‌پرست نیز می‌باشند.

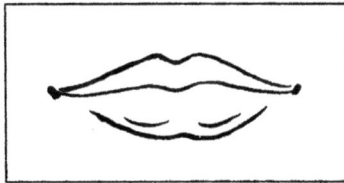

حال که تا حدودی توانستید معنی اجزاء مختلف صورت را یاد بگیرید باید یادتان باشد که در قضاوت در مورد یک شخص نباید تنها بمطالعه یا عضو از چهره او قناعت بکنید. باید سایر اجزاء صورت را نیز بدقت مطالعه بکنید و با هماهنگی مقایسه تک تک آنها صاحب چهره را مورد تجزیه و تحلیل قرار بدهید.

موفق باشید.

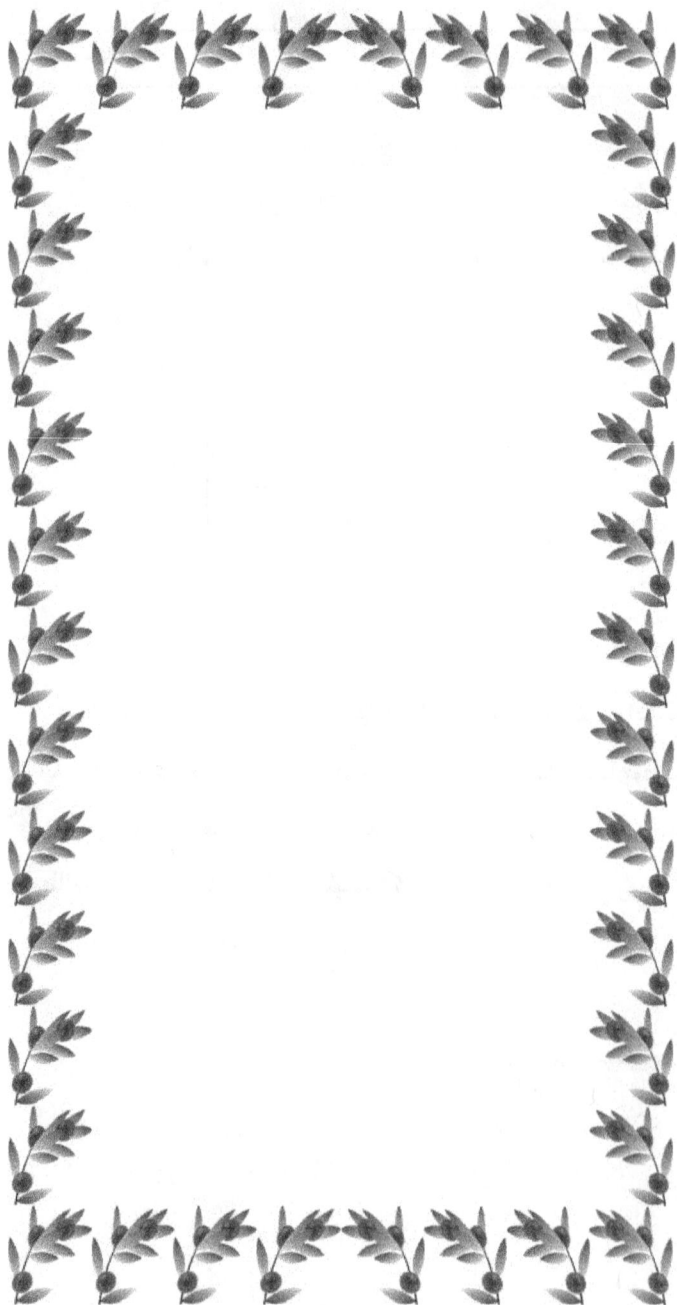

بخش ۲

چه رنگی هستید؟!

چه رنگی هستید؟!

آیا برایتان اتفاق افتاده است که با کسی برخورد بکنید و از همان لحظه اول نسبت باو احساس عشق و نفرت پیدا بکنید؟

برای نخستین بار کسی را ببینید و حالت و احساس عجیبی بشما دست بدهد؟

آیا هرگز برایتان اتفاق افتاده است که از خشم کبود بشوید و از شرم قرمز و از حسادت سبز؟

چه کسی از این تجربه‌ها نداشته است؟ ولی آیا از خود پرسیده‌اید که چرا یک چنین احساسی بشما دست می‌دهد چرا باید این حالت بوجود بیاید چه اتفاقی بین آدمها وجود دارد که از یکی خوشتان میاید و از دیگری بدتان؟ منبع و ریشه این تجربه‌ها از کجا شروع می‌شود؟ آیا اصلا از خود پرسیده‌اید که عشق در نگاه اول چه معنی می‌دهد؟ چرا وقتی با شخص بخصوصی دست می‌دهید تنتان بلرزه می‌افتد؟ چرا بدون دلیل، همنشینی با کسی خوشحالتان می‌سازد و برخورد با دیگری اندوهگینتان؟

در این مقاله سعی خواهیم نمود که بزبان ساده و قابل فهم جواب اکثر

این سوالات را بدهیم.

جسم و بدن هر فرد، مرکزی است برای نیروهای مختلف، انرژی و نیروهای مختلف و بسیار قوی جسم هر کدام از ما را پرکرده است. و در واقع این انرژیها هستند که بدن و جسم ما را تشکیل می‌دهند. این نیروها بما زندگی می‌بخشد و ما را به حرکت درمی‌آورند. اگر ما بتوانیم تک تک این نیروها را از هم تشخیص بدهیم و اگر بتوانیم راه و روش درست استفاده از این نیروها را یاد بگیریم، می‌توانیم تقریبا آن قسمت از زندگیمان را که سرنوشت نام دارد، تحت اراده خود دربیاوریم قبل از همه باید این نیروها را بشناسیم. این نیروها نه تنها درون ما را پرکرده‌اند، حتی تا چندسانتی متری خارج بدنمان را احاطه کرده‌اند. و تأثیر همین نیروها هستند که با برخورد بهمدیگر، در هر شخصی احساس و حالت به خصوصی بوجود می‌آورند. وقتی امواج نیروهای مختلف دوشخص با هم برخورد می‌کنند، ارتباط به خصوصی در آنها بوجود میاید که ما آنها را تعبیر بر عشق و یا نفرت و خشم و غیره ... می‌کنیم.

این نیروها بنظر نامرئی و غیرقابل لمس هستند ولی واقعیت غیر از این است. با کمی تمرین و تجربه به راحتی می‌توان این نیروها را از هم تشخیص داد و حتی از آنها سود جست. یکی از ساده‌ترین راهها برای کنترل این نیروها، شناخت رنگ آنها است، و این واقعیت دارد. انرژی و موجی که از بدن انسانها بیرون می‌زند دارای رنگ هستند و یا تشخیص رنگ بخصوص هر انرژی و موج براحتی می‌توان شخصیت و حتی

موجودیت صاحب آنرا کاملا تحت بررسی و شناخت قرار داد.

قبل از اینکه انرژیهای مختلف را از هم جدا سازیم و آنها را از مطابق رنگشان معنی بکنیم، بهتر است با چند تمرین کوچک یاد بگیریم که چطور رنگ امواج نیروهای مختلف بدن یک شخص را ببینیم.

تمرین اول: نوک انگشتان یک دستتان را بهم بچسبانید و بعد از چند لحظه، در جلو یک تکه کاغذ، انگشتانتان را با آرامی از هم جدا سازید، اطاق نیمه تاریک باشد بهتر است، با کمی دقت خواهید دید که فاصله انگشتانتان را نور رنگی پرکرده اسب و بصورت موج الکتریکی جریان دارد. هرچه انگشتانتان را از هم دور سازید، نور رنگی موج و جریان باریکتری پیدا می‌کند. این همان نوری است که انرژی و نیروی مغناطیسی بدنتان از خود بیرون می‌دهد.

تمرین دوم: بعد از اینکه استحمام کردید، خودتان را خشک بکنید و بدون اینکه لباس تنتان بکنید، جلو آئینه حمام بایستید، فضای حمام باید نیمه تاریک باشد و خصوصا از هیچ روزنه‌ای نور آفتاب بدرون نتابد با کمی تمرکز خودتان را خواهید دید که دور بدنتان هاله نور بسیار ظریف احاطه کرده است. این همان نیروی مغناطیسی بدنتان است که بصورت نور بیرون می‌تراود.

تمرین سوم: می‌توانید این تجربه را با همسر و یا نامزدتان نیز بکنید. بهترین زمان برای اینکار صبح زود، وقتیکه هوا روشن و تاریک است می‌باشد. قبل از اینکه نامزد و یا همسرتان بیدار بشود، بدون اینکه سروصدا راه بیاندازید، باو نزدیک بشوید. خواهید دید که هاله‌ای از نور او را پوشانده است.

تمرین چهارم: می‌توانید این کار را با دوستانتان نیز انجام بدهید. بیکی از دوستانتان بگوئید که روی یک صندلی طوری بنشیند که کاملا احساس راحتی بکند و هیچگونه فشاری به هیچ یک از عضلات بدنش وارد نشود، بعد خودتان در فاصله کمی از او بایستید و کف دستتان را در دو سانتی‌متری صورتش بگیرید و به آرامی در جهت بالا و پایین بحرکت در بیاورید. بعد از مدتی حس خواهید کرد که کف دستتان احساس عجیبی می‌کند و با کمی توجه بیشتر ملاحظه خواهید کرد که در فاصله کف دستتان و پوست صورت دوستتان نوری کمرنگ پرمی‌کند. این همان نوری است که نیروهای مغناطیسی بدن دوستتان از خود بیرون می‌دهد.

وجه مهم: برای بهتر نتیجه گرفتن سه عامل بسیار مهم است. صبوری، سلامتی و پشتکاری. هرگز امکان ندارد که در همان تمرین اول به نتیجه برسید. باید مرتب تمرین کنید و باکمی حوصله حتما قادر خواهید بود که این نور را که کلمه لاتین آن AURA می‌باشد ببینید. این نور رنگ دارد.

رنگهای مختلف که هر کدامشان تعیین‌کننده حالت روحی و شخصیت فرد است. بنابراین اگر می‌خواهید خودتان را خوب بشناسید، اگر می‌خواهید بدانید که دوست، همسر و نامزدتان چه نوع شخصی است ابتدا باید رنگ موج انرژی مغناطیسی شخص موردنظر را پیدا کنید، بعد به توضیح کاملی که برای هر کدام از این رنگها داده می‌شود، مراجعه بکنید.

یادتان باشد که ممکن است برای رسیدن به نتیجه دلخواه روزها تمرین بکنید، موفق باشید.

معنی واقعی رنگها:

۱ـ قرمز: قرمز مظهر زندگی است. رنگ انرژی و نیروهای خـالص همیشه انرژی حیات بشر، بوسیله رنگ خالص قرمز نشان داده می‌شود. رنگ قرمز خالص نشانه‌ای از اشتیاق راستین بزندگی است. کسانیکه در پرتو مغناطیسی بدنشان، رنگ قرمز دیده می‌شود و یا رنگ قرمز را به سایر رنگها ترجیح می‌دهد. دارای قدرت اراده زیاد و شخصیت بسیار مهربانی هستند. قرمز، یکی از رنگهائی است که اشتیاق واقعی شخص را نسبت بهر چیزی نشان می‌دهد. عشق زیاد از حد خشم زیاد از حد و حتی نفرت زیاد از حد. هرچه قرمز روشنتر باشد، اشتیاق سالمتر است. ولی اگر قرمز رو به تیرگی بگذارد، اشتیاق زیاد از حد شخص متمرکز بخودش می‌شود. اگر کسی از این رنگ بهره گرفته باشد و یا آنرا به سایر رنگها ترجیح بدهد، قدرت بسیار زیاد جنسی را دارا خواهد بود که بیشتر به روابط جسمی اشتیاق نشان می‌دهد تا رابطه ذهنی. شخص ممکن است با دیگران به هوسرانی نیز بپردازد ولی عشق واقعیش همسر و نـامزدش

می‌باشد. شخص کمتر خودش را می‌شناسد. شخص عاشق هیجان است و مرتب دنبال تنوع در زندگی. به راحتی در مورد دیگران قضاوت می‌کند و مرتب نیز در این مورد اشتباه می‌کند.

۲ـ زرد: این رنگ انعکاسی از هوش و فعالیتهای ذهنی شخص می‌باشد. اگر شخصی و یا شما این رنگ را در پرتوی امواج مغناطیسی بدنتان دارید. مغزتان هرگز از فعالیت نمی‌افتد حتی اگر خودتان جسما تنبل باشید. اگر زرد بصورت طلائی باشد، صاحب آن حتما از دانش بسیار بالائی برخوردار است. اگر رنگ زرد خالص باشد، صددرصد هوش و ذکاوتتان، را در خدمت بدیگران مورد استفاده قرار خواهید داد. ولی اگر رنگ زرد کدرومات باشد، خبر از این می‌دهد که بسیار حسود و بدبین هستید و اغلب در رویاهایتان زندگی می‌کنید. اگر پرتوی امواج مغناطیسی بدنتان از این رنگ برخوردار باشد نوعی انزواطلبی در شما وجود دارد بدون اینکه خجالتی باشید. اکثر کسانیکه شما را می‌شناسند، یا نابغه‌تان خواهند پنداشت و یا کمتر وجودتان را حس خواهند نمود و این می‌تواند شما را تنها سازد. اگر از این رنگ برخوردار هستید و یا آنرا به سایر رنگها ترجیح می‌دهید، باید مواظب باشید تا مغزتان تمام عواطف و احساستان را تحت کنترل خود درنیاورد.

۳ـ نارنجی: این رنگ مخلوطی از رنگ قرمز و رنگ زرد است. اگر این رنگ در پرتو امواج مغناطیسی بدنتان وجود دارد، حتما شخصی هستید بسیار سرزنده و عاشق اجتماعات شلوغ و انواع شب‌نشینی و پارتی. اگر از

آن برخوردارید و یا آنرا به سایر رنگها ترجیح می‌دهید باید دارای آنچنان انرژی فوق‌العاده‌ای باشید که به راحتی می‌توانید تمام اطرافیانتان را تحت اختیار خود دربیاورید. قدرت اراده فوق‌العاده، شناخت کاملی که از خواسته‌ها و هدفهایتان دارید، شما را به قله موفقیت خواهد رسانید. براحتی، با یک لبخند ساده، با یک مکالمه کوتاه می‌توانید براحتی دوست پیدا کنید قدرت جنسی بسیار زیادتان وادارتان خواهد نمود که در سنین پایین ازدواج بکنید. و ازدواج شما سریع و ممکن است حتی بدون عشق نیز اتفاق بیافتد. هرکسی که از این رنگ برخوردار است و یا آنرا به سایر رنگها ترجیح می‌دهد، می‌تواند سیاستمدار مادرزادی باشد. و درعین حال می‌توانید معلم و تاجر بسیار موفقی نیز باشید. شهرت چیزی است که عاشقش هستید و بهر نحوی هم که شده در یکی از رشته‌های ذوقی و اجتماعی مشهور شوید.

۴ـ آبی: آبی رنگ روحانی و مذهبی است. اگر پرتو امواج مغناطیسی بدنتان این رنگ را دارد و یا خود شما آبی را برنگهای دیگر ترجیح می‌دهید، برای رسیدن به دانش، هر مانعی را از سر راه برخواهید داشت. بسیار هنرمند هستید و با طبیعت هماهنگی بسیار زیادی دارید. حقیقت برایتان ارزش بسیار زیادی دارد خصوصا اگر مربوط به عشق باشد. عاشق عشق پاک هستید، بشرطی که دوطرفه و صادقانه باشد هرچه رنگ آبی روشنتر باشد، اعتماد بخودتان بیشتر خواهد بود. عاشق صلح و آرامش هستید و دلتان می‌خواهد که شاهد جریان طبیعی و بدون شتاب زندگی

باشید گاهی اوقات این آرامش به فرار از مسئولیت نیز تبدیل می‌شود. نسبت به دیگران و حتی زندگی خودت بسیار حساس هستید. لذت می‌برید اگر دیگران از شما مشورت و راهنمائی بخواهند. زندگی در دهات و بیرون از شهر را به زندگی در شهرهای شلوغ ترجیح می‌دهید. قدرت جنسی شما نیز بسیار زیاد است و اگر مرد هستید بطرف زنانی جذب می‌شوید که پرتو امواج مغناطیسی بدن آنها قرمز است و یا خودشان عاشق رنگ قرمز می‌باشند.

۵ـ سبز: رنگ سبز در واقع آمیخته‌ای از رنگهای آبی و زرد است و اگر پرتوی امواج مغناطیسی بدن شما دارای این رنگ است و یا اگر این را به رنگهای دیگر ترجیح می‌دهید، عاشق طبیعت و زمین و خاک هستید و زیبائی بهر نوعش، شما را ارضاء می‌کند. اگر رنگ سبز صاف و یکدست باشد، بسیار نوع دوست خواهید بود اگر رنگ پرتو امواج مغناطیسی بدنتان متمایل به خاکستری باشد، حتما بسیار سیاستمدار خواهید بود و اگر باوج قدرت برسید، تنها بخاطر آسایش خود حکومت خواهید نمود. رنگ سبز بشما عشق به آزادی را می‌بخشد. عاشق خوشگذرانی و خورد و خوراک هستید. بنابراین امکان اینکه چاق نیز باشید بسیار زیاد است. اگر جزو اشخاص سبز هستید، فقط بخاطر اجتماع ازدواج خواهید نمود و اگر هم ازدواجتان دوام داشته باشد فقط بخاطر بچه‌ها خواهد بود. و اگر هم طلاق بگیرید، دیگر امکان نخواهد داشت تن به ازدواج دوم بدهید. خیلی زیاد مواظب سلامتیتان می‌باشید تاحدی که دیگران این مسأله را

بوسواس تعبیر می‌کنند. و بسیار تمیز هستید.

۶ـ قهوه‌ای: رنگ قهوه‌ای نیز آمیخته‌ای از چند رنگ اصلی است. اگر پرتو امواج مغناطیسی بدنتان این رنگ را دارد، حتما باید عاشق پول و ثروت باشید هرچه این رنگ تیره‌تر باشد و یا هرچه بیشتر این رنگ را ترجیح بدهید، طبیعت پول‌دوستیتان بارزتر خواهد گشت. عاشق جنگ و مباحثه می‌باشید و از افراد جنگجو خوشتان می‌آید. بنظر می‌رسد که آب حیات خورده باشید زیرا که هرگز ظاهرتان در مسیر زمان تغییر نخواهد یافت ممکن است مغزتان کند کار بکند ولی هرگز از کار نخواهد ایستاد. در مورد عقاید و خواسته‌هایتان آنچنان متعصب هستید که مخالفین راحتی بحساب آدم نیز نخواهید گذاشت. و روی این حساب، بعضی‌ها احترامتان را خواهند داشت و بعضی‌های دیگر چشم دیدنتان را نخواهند داشت. قدرت قضاوت چندان خوبی ندارید و اگر در این مورد مواظب نباشید، براحتی دیگران را از خود خواهید رنجانید.

۷ـ خاکستری: اگر رنگ پرتوی امواج مغناطیسی بدنتان خاکستری باشد و یا خودتان آنرا برنگهای دیگر ترجیح بدهید، حتما تنگ‌نظر خواهید بود. شما کمترین نیروی تجسمی ندارید و عشق برایتان کمتر اهمیت دارد. حتی اگر کمترین رنگ خاکستری در پرتو امواج مغناطیسی بدنتان وجود داشته باشد، و یا خودتان شخصا باین علاقه نشان بدهید، در همه چیز بسیار رسمی و قراردادی عمل خواهید نمود و حتی عاشق شدنتان نیز روی حساب و کتاب خواهد بود. و اگر این رنگ بیشتر باشد،

انزواطلب خواهید بود و از طرف دیگر قانون و اطاعت از آن برایتان بسیار مهم خواهد بود.

۸ـ سیاه: سیاه در واقع رنگ نیست. اگر هیچ رنگی نباشد، سیاه خودی نشان خواهد داد. اگر شما تحت تأثیر این رنگ هستید و یا سیاه یکی از رنگهای مورد علاقه‌تان باشد، طبیعتی بسیار منفی دارید هرکجا که قدم بگذارید همه از شما فرار خواهند نمود. کمتر امکان دارد که کسی را بخود جذب بکنید مگر اینکه او هم رنگ پرتوی امواج مغناطیسی بدنش سیاه باشد. اگر سیاه تنها رنگ پرتو بدنتان باشد، صددرصد شیطان صفت خواهید بود و بجز ویران نمودن زندگی دیگران و بجز قتل و جنایت، هیچ فکری در مغزتان نخواهد بود. اصلا کسانی که دم مرگ هستند پرتوی امواج مغناطیسی بدنشان فقط سیاه می‌باشد.

۹ـ سفید: سفید نیز جزو رنگهای اصلی نیست بلکه از اشعه روشن بعضی از رنگها بوجود می‌آید. ولی اگر رنگ پرتوی امواج مغناطیسی بدن شما سفید باشد و یا سفید را بر سایر رنگها ترجیح بدهید. سلامتی و عشق را همیشه بهمراه خواهید داشت. کمترین حس حسادت در شخصیتتان دیده نمی‌شود و بندرت ممکن است فکر منفی بذهنتان خطور بکند. در هر اجتماعی که قدم بگذارید، مردم براحتی دورتان جذب می‌شوند و مشکل کسی پیدا بشود که دلیلی برای دوست نداشتن شما پیدا کند. دوستی بسیار فداکار و عاشقی بسیار صمیمی و وفادار هستید. همه را دوست دارید و همه نیز شما را دوست دارند. بخاطر

دانش حاضرید همه ثروتهای دنیا را فدا سازید. شما همیشه باید مواظب باشید که دیگران از صمیمیت و پاکیتان سوءاستفاده نبرند.

تا اینجا توانستید معنی رنگهای مختلفی که پرتو امواج مغناطیسی یک شخص را تشکیل می‌دهند بشناسید. و با تمرینهائی که قبلا داده شد می‌توانید این رنگها را به راحتی تشخیص بدهید و از هم جدا سازید و درنتیجه می‌توانید هم خود و هم دیگران را بخوبی بشناسید. و از طرف دیگر، اگر کسی را خوب می‌شناسید و اگر شخصیت او را به یکی از توضیحات بالا نزدیک می‌بینید، می‌توانید براحتی رنگی راکه آن شخص را بیشتر تحت تأثیر قرار داده است، نیز بشناسید.

حالا سری هم به آن سوی قضیه می‌زنیم. اگر پرتوی امواج مغناطیسی بدنتان بطورکلی فاقد یکی از این رنگها باشید، یا اصلا خود شما از یکی از رنگهای بالا متنفر باشید. فکر می‌کنید این مسأله تاچه حد در شخصیت شما تأثیر می‌گذارد؟ برای اینکه اینرا هم دریابید، به توضیحات زیر توجه کنید.

تنفر از رنگ‌ها

۱ـ قرمز: بسیار دلواپس و ناامید هستید. شاید هم از خستگی و ضعف جسمی رنج می‌برید. امکان دارد که در روابط جنسی و حتی در موقعیت اجتماعی شکست دیده باشید. مشکل واقعیتان این است که همیشه دنبال هدفهای بزرگ و غیرعملی می‌روید. و وقتی هم که شکست می‌خورید، در لاک خود فرو می‌روید. چه عیبی دارد که اگر دنبال زندگی معمولی باشید؟ باید این دو موضوع را همیشه به خاطر داشته باشید. اول: اگر معیار موفقیت ثروت بود، پس ثروتمندان می‌بایست خوشبخترین آدمها باشند که نیستند. دوم اینکه اگر موفقیت را بوسیله هوش و استعداد شخص می‌سنجیدند پس چطور است که اغلب نوابغ دست به خودکشی می‌زنند؟

۲ـ زرد: بسیار حساس و بدبین هستی و از هرچیز بدیع و مدرن بدتان می‌آید. برایتان قابل هضم نیست که یک حکومت میلیونها دلار خرج رفتن بکره ماه را بکند در حالیکه کره‌زمین پر از انسانهای مستحق کمک

می‌باشد. مردم همیشه شما را اخمو و عصبانی می‌یابند.

۳ـ نارنجی: بخاطر عمری و سالهائی که به بطالت تلف کرده‌ای برخورد خشم داری. ولی یادت نرود که فقط تو نیستی که مسئولیت همه بدبختیهای دنیا را بردوش داری. اگر بتوانی مشکلات خصوصی خود و خانواده‌ات را حل بکنی، مطمئن باش که خیلی زرنگی.

۴ـ آبی: از زندگی و یکنواختی خسته شده‌ای. احتیاج به تنوع و هیجان داری و به همین زودیها است که اکثر قیدوبندهای زندگی را از هم خواهی گسست. در دوره‌ای هستی که احساس می‌کنی دلت می‌خواهد همه‌چیز را تغییر بدهی و دستی به سروصورت خودت بکشی و شاید هم ریش بگذاری و برعکس، اگر ریش داری، آنرا بزنی و فرم موها و مدل لباست را تغییر بدهی.

۵ـ سبز: اگر هاله مغناطیسی دور بدنت فاقد این رنگ است و اگر از این رنگ متنفری حتما یک چیزتان می‌شود. اگر در هدفهایتان شکست خورده‌اید، چرا دیگران را شماتت می‌کنید؟ خودتان را تنهاترین موجود روی زمین حس می‌کنی و با این شخصیتی که دارید دیگران حق دارند تنهایتان بگذارند. سعی کنید بجای خودخوری به کتابخانه بروید، در اجتماعات شرکت بکنید و خودتان را از برج عاجی که ساخته‌اید بیرون بیاندازید تا ببینید که دنیا با تمام بدیهایش چقدر باارزش است.

۶ـ قهوه‌ای: ترستان از این است که نتوانید ماموریتتان را به اتمام برسانید. چه مأموریتی؟ آیا فکر می‌کنید اگر همه دانشهای دنیا را هم در

ذهن و مغز کوچکتان جای بدهید، آخرش بکجا خواهید رسید؟ تا دیر نشده است کمی هم به تفریح برسید. به عشق فکر بکنید که حتی عذابش نیز شیرین است.

۷ـ خاکستری: زندگی برعلیه شما بوده است. از همه چیز محروم بوده‌اید و این خشمگینتان می‌کند. حسود نیستید و از سرنوشت بدتتان شکایت دارید. آیا فقط شما هستید که به همه آرزوهایتان نرسیده‌اید؟ یادتان نرود که ممکن است شما یکی از خوشبخترین مردم روی زمین نباشید، ولی بدبخترین نیز نیستید.

۸ـ سیاه: فکر می‌کنید در دنیا بدی وجود ندارد. فکر می‌کنید، بدبختی فقط افسانه است و به کره زمین ربطی ندارد. خودتان را کامل می‌دانید و سعی می‌کنید که اشتباه نکنید ولی اگر کردید، هرگز اعتراف نخواهید نمود.

۹ـ سفید: اگر شما از سفید متنفرید، یا اگر هاله مغناطیسی دور بدنتان فاقد این رنگ است، با عرض معذرت باید جنابعالی را دیوانه پنداشت.

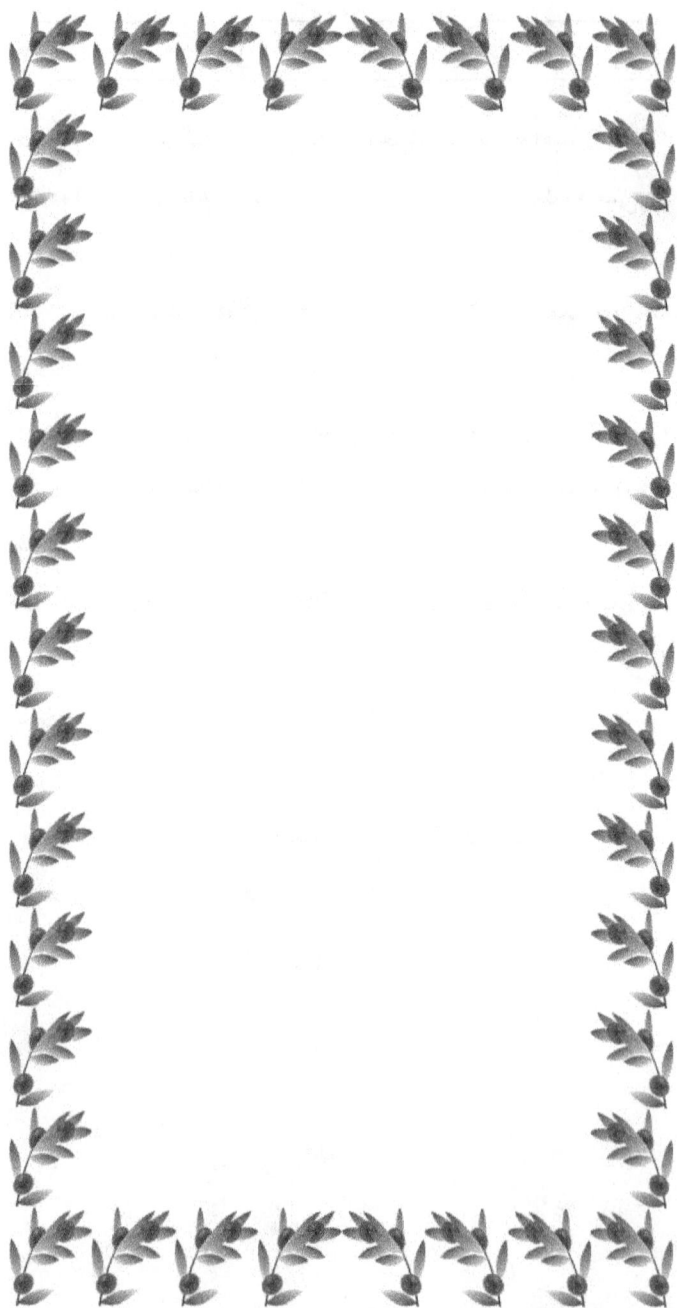

بخش ۳

سپر نامرئی در مقابل امواج منفی

سپر نامرئی در مقابل امواج منفی

همه استادان علوم غریبه، شرقی و غربی، همه به یک اصل معتقد هستند: محدوده فکری و ذهنیشان را آن چنان گسترده می‌سازند که نسبت به تمام نیروهای کیهانی و محیط خود حساس می‌شوند.

البته، برای اینکه تحت تأثیر اینگونه نیروها و امواج قرار بگیرید، احتیاجی نیست که متخصص در علوم غریبه باشید، اکثر مردم، بطور مادرزادی به این گونه نیروها و امواج حساسیت دارند. درهرحال قصد ما از تحریر این مقاله نشان دادن روشهائی است که می‌توانید با آنها خودتان را در مقابل امواج و نیروهای منفی کیهانی محافظت بکنید. هر فردی در یک زمان از عمر خود، با موضوعی که فکر می‌کرده در افسانه و قصه‌ها می‌تواند وجود داشته باشد، برخورد می‌کند. خود من وقتیکه خیلی جوان و بی‌تجربه بودم به این مسأله برخورد کرده‌ام ... در یک دوره از زندگیم مرتب بد می‌آوردم... از کار بیکار شده بودم و بدهکاریهای سرسام‌آوری داشتم و در عشق بجز عذاب چیز دیگری حس نمی‌کردم... خودم را بدشانس‌ترین و بدبخترین انسانها می‌پنداشتم. و هیچ دلیلی هم برای این

بدبختی نمی‌یافتم. جوان بودم و سالم و بقول دیگران بسیار مستعد... کسانی را می‌شناختم که از هر نظر یک سروگردن از من پایین‌تر بودند، ولی خیلی موفق‌تر از من... فکر می‌کردم و بزرگترها هم می‌گفتند که چشمم زده‌اند وگرنه هیچ دلیلی برای این همه بدبختی وجود نداشت. و من خودم نیز بدون آنکه بخرافات اعتقاد داشته باشم، به همین «چشم‌زدن» باور می‌آوردم.

بعدها که شروع به مطالعه در زمینه‌های مختلف علوم غریبه کردم، پی به واقعیت این مسأله بردم، محیطی که زندگی می‌کنیم پر از امواج مثبت و منفی است. و آنها که حساس‌تر هستند بیشتر تحت تأثیر این امواج بخصوص امواج منفی قرار می‌گیرند. به راحتی چشم می‌خورند و جادو و افسون در آنها زودتر اثر می‌کند.

قانون جاذبه و مغناطیسی این اصل را هم شامل می‌شود: همه چیز شبیه خودش را بیشتر جذب می‌کند. همیشه آدم بد با یک آدم بد دیگر همنشینی می‌کند و هنرمند با یک هنرمند دیگر. همانگونه هم هرچه نسبت به دیگران منفی فکر بکنیم و خصومت بورزیم، امواجی را که از خود و مغز و ذهن خود خارج می‌کنیم. درست است که به دیگری هم اثر می‌کند. ولی خواه و ناخواه بطرف خود ما نیز برمی‌گردد.

همه ما بدون استثنا زیر امواج مثبت و منفی اطراف خود بمباران می‌شویم که اغلب این امواج بوسیله سپر نامرئی و طبیعی بدن خودمان که نیروی نامرئی ساطع از جسم دفع می‌شوند. و اگر این سپر ضعیف بشود،

هر موج منفی دیگر می‌تواند به بدن اثر می‌کند و یا حتی ممکن است شخص را بیمار بسازد. بنابراین اگر بتوانیم این قدرت دفاعی را قوی سازیم، خودمان را در مقابل هرگونه امواج منفی محافظت نموده‌ایم.

در یک اطاق خلوت و نیمه تاریک بنشینید و سعی کنید به تمام بدن خود آرامش و استراحت کامل بدهید و یا تمام وجودتان را رها سازید. مواظب باشید که این آرامش و استراحت مطلق شما را بخواب نبرد. نفسهای بسیار آرام و عمیقی بکشید و سعی کنید خودتان را پوشیده در یک کت ابری آبی روشن و یا سفید ببینید. البته ممکن است که تمرینهای اولیه کمی مشکل باشد ولی بعد از تکرار چندروزه حتما موفق به تجسم آن کت فرضی خواهید شد. حالا دو دست و بازویتان را جلو دراز بکنید و بهم بچسبانید و باید بین دو دست فاصله باشد. سعی کنید درست به وسط فاصله بین دو دست خیره بشوید به صورتی که در حالیکه دستها را می‌بینید، خودتان به ماوراء آنها نگاه می‌کنید. بعد از کمی تمرین قادر خواهید بود که هاله‌ای رنگی دور دستهایتان و مابین تمرین دو دست ببینید. و این رنگ و هاله همان سپر نامرئی و درعین حال طبیعی بدن شما می‌باشد.

حالا چطور می‌شود این سپر را قویتر و غیرقابل نفوذ ساخت؟

در یک اطاق و محل ساکت، روی یک صندلی راحت بنشینید و یا اگر می‌توانید روی زمین بنشینید در حالی که رویتان بسوی شرق قرار دارد. سعی کنید نقطه بسیار درخشان را روبروی خود مجسم بکنید بعد مجسم

کنید که این نقطه در جهت مخالف عقربه‌های ساعت، دور شما به چرخش می‌افتد درحالیکه دنبال خود خط نورانی جای بگذارد بعد نقطه نورانی را ببینید که دوباره بجای اولش برمی‌گردد در حالیکه شما را در وسط دایره‌ای نورانی باقی گذاشته است. این یکی از تمرینهائی است که باعث قویتر شدن سپر نامرئی دفاعی بدنتان می‌شود.

برای نتیجه‌گیری بهتر، کمک‌گرفتن از سایر نیروها نیز بدنیست. محافظت چهار فرشته نگهبان، که باعث خواهد شد نیروهایتان بحد کمال برسد (توضیح اینکه چهار نامی که اینجا برده میشد کمترین رابطه‌ای به دین و مذهب فرشتگان آسمانی ندارند. از این اسمها فقط بمنظور سمبل نیروها و یا عناصر چهارگانه استفاده شده است. همانگونه که بیحرکت در میان دایره نورانی نشسته‌اید، سعی کنید با چشم مغز و ذهن خود فرشته نگهبان رافائیل را در سمت شرق دایره دور خود ببینید. رافائل ردای زردی برتن دارد و عصائی در دست گرفته است. آهسته زمزمه بکنید: از تو ای رافائیل طلب می‌کنیم که مرا در مقابل امواج بد محافظت بکنید، بعد بطرف غرب برگشته و کابرئیل را با ردای آبی مجسم نموده و همان کمک را از او نیز طلب بکنید. کابرئیل کرده‌ای شفاف در دست دارد. سپس جنوب را مجسم بکنید که میکائیل ایستاده است با یک شمشیر گداخته در دست و همان کمک را طلب بکنید. سپس سعی کنید شمال را مجسم بکنید که آئوریل، ایستاده و در دستش ستاره و یا سکه قرار دارد و دوباره از او نیز مدد بخواهید و «حتما متوجه شده‌اید که چهار مظهر و سمبل

ورقهای تاروت، شمشیر، جام یا گوی، سکه یا ستاره و عصا در دست چهار نیروی نامبرده وجود دارند.»

سعی کنید این مراسم ساده را هر روز تکرار بکنید تا حدیکه کاملا از آن اشباع بشوید. وقتیکه در خیابان راه می‌روید، وقتیکه با کسی بحث می‌کنید، وقتیکه طلب کمک از مرجعی و یا شخصی را دارید، سعی کنید خودتان را محاط در آن دایره نورانی مجسم بکنید و با شهامت تمام آنچه را که هدفتان است بر زبان بیاورید. اگر مرتب این مراسم را تکرار بکنید، بعد از مدتی هر وقت که خودتان را در آئینه‌ای نگاه بکنید، صورتتان را درخشانتر خواهید یافت و چشمانتان را مشاهده خواهید نمود که برق عجیبی می‌زنند، و همین نور و هاله وجودتان است و همان برق چشمانتان را براحتی هر نوع امواج منفی را از شما دور خواهد نمود. اگر این تمرین را تکرار بکنید نه تنها این سپر را دور خود احساس خواهید نمود بلکه حرارت آنرا نیز روی پوست تنتان حس خواهید کرد.

توضیح: بار دیگر متذکر می‌شویم که این مراسم کمترین رابطه‌ای با مراسم مختلف هیچ دین و مذهبی ندارد و تنها جنبه علوم غریبه و ماوراالطبیعه را مورد بررسی قرار داده است.

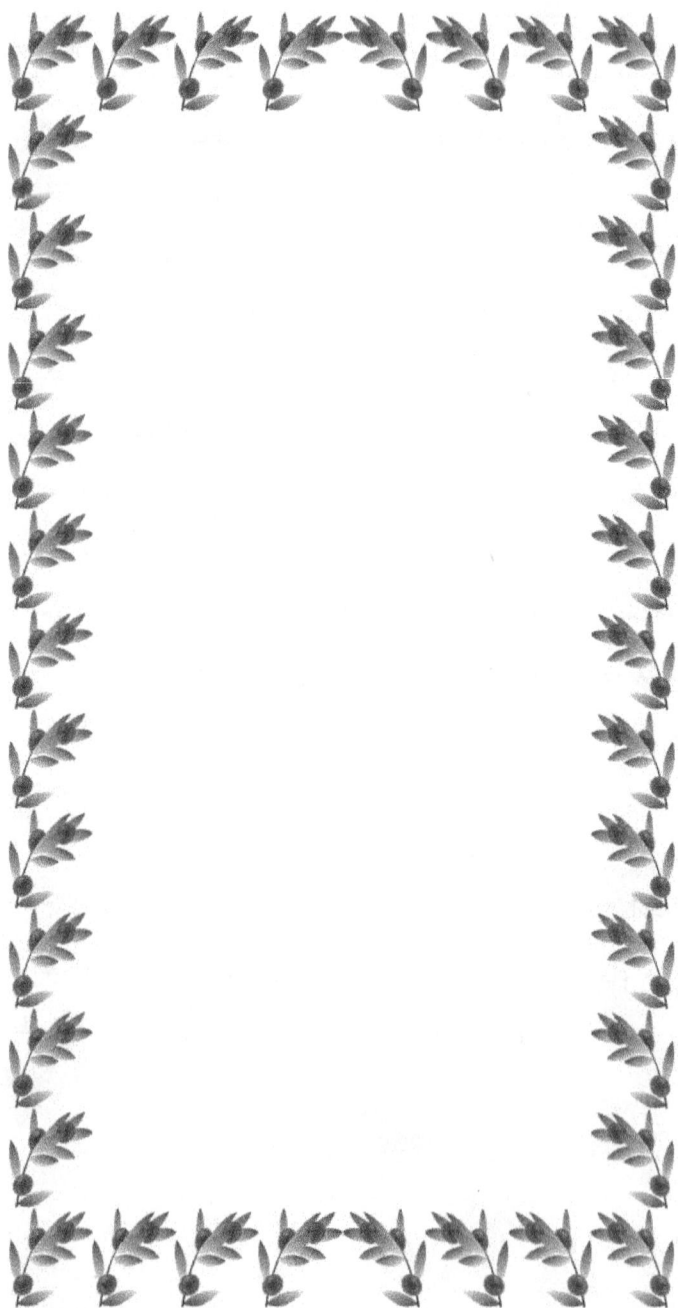

بخش چهارم

فال قهوه

فال قهوه

در اعصار گذشته مردان و زنانی بودند که ادعای پیشگوئی داشتند، نظیر یکی از کشیشهای مشهور بنام دلفی که مدعی روانشناسی بوده. او با خیره شدن در چهره اشخاص مطالبی درباره آینده اظهار می‌داشت. عده‌ای نیز در طول چندسال با تمرین و ممارست با مغز و افکار طرف مقابل ارتباط برقرار کرده و اطلاعاتی از این طریق گرفته بخود شخص پس می‌دهند و آنرا روش تله‌پاتی گویند.

عده‌ای نیز بنام ستاره‌شناس و دانستن روز تولد افراد و ربط دادن با نجوم بازگوکردن اسرار و سرنوشت هستند. کف شناسان نیز با خطوطی که در کف دستها ترسیم یافته از کم و کیف سلامتی بدن و اتفاقاتی که هر کدام به مرور زمان نقشی در سطوح دستها ترسیم یافته مطالبی به موکل خود می‌گویند. علاوه بر اینها روشهای گوناگون دیگری برای کشف اسرار وجود دارد که هریک درخور بحث و گفتگو است. مثلا افرادی مدعی هستند که از روی اشکال و طرح ابرها در آسمان از عالم غیب و اسرار مطالبی می‌دانند و یا گوش به صدای رعدوبرق می‌دهند و صداها را با اتفاقات آینده منطبق می‌دانند. برای مثال می‌گویند: شخصی با تمرین و

ممارست ساعتها در جنگل می‌نشست و به صدای برخورد برگ درختان گوش فرامی‌داد و آنگاه تصمیم می‌گرفت وعمل می‌کرد. و عده‌ای برای اتخاذ تصمیم به کتاب مذهبی پناه می‌برند و خوب و بد را از آن الهام می‌گیرند و نیز در کشور خودمان ایران با کتاب حافظ و اشعار او تفأل می‌زنند چشم‌ها را برهم می‌گذارند و نیت می‌کنند و آنگاه کتاب حافظ را باز می‌کنند و از او یاری می‌جویند.

فال قهوه نیز روش دیگری است برای بازگو کردن اتفاقات احتمالی است که درعین حال جنبه تفنن و تفریح آن بسیار است. حداقل انسان قهوه خوشمزه‌ای می‌نوشد و خستگی را از تن می‌زداید و به گیرنده فال قهوه گوش می‌دهد، تا او را از نقشها و سمبلهائی که در فنجان نقش بسته و هریک الهام‌بخش اتفاقات و احتمالاتی است خبرهائی خوش و دلپذیر بگوید.

تفاوت فال قهوه با روشهای دیگر پیش‌گوئی مانند ستاره‌شناسی، تاروت وئی جینگ این است که فال قهوه را می‌توان هر روز گرفت و جالب اینکه هربار هر فنجان دربردارنده حالات روحی همان لحظه‌ای است که شما دارید و بجز یک سری احتمالات ثابت که گویای حالات و روحیات طرف است، می‌توان برای هر نوع تصمیم‌گیری و یا هر برنامه‌ای که تدوین یافته فالی گرفت و ازکم و کیف آن اطلاعاتی بدست آورد.

فراگرفتن فال قهوه

ابتدا باید طریق درست کردن قهوه را فراگرفت.

وسائل لازم:

۱ـ قهوه جوش و یکسری فنجان قهوه‌خوری ساده چینی که در داخل آن هیچگونه نقشی نداشته باشد.

۲ـ نوع قهوه: قهوه سائیده ترک که از فروشندگان حرفه‌ای و متخصص خریداری و تهیه شده باشد. این نوع قهوه‌ها فاقد هرگونه ناخالصی است و بهتر است از خرید قهوه‌های بسته‌بندی تجاری مشکوک خودداری شود.

درست کردن قهوه: ابتدا برای هر یک از مدعووین یک فنجان آب سرد در قهوه‌جوش ریخته و برای هر نفر یک قاشق مرباخوری لبریز قهوه به آن اضافه شود. میزان شکر بستگی به سلیقه افراد دارد، بعضی قهوه را شیرین و بعضی تلخ دوست دارند ولی میزان معمولی شکر نیز یک قاشق مرباخوری و یا کمی بیشتر است.

قهوه جوش را روی شعله گاز متوسط گذاشته و به آرامی حرارت داده

و بطور کامل محتویات آنرا در تمام مدت باید بهم زد و از آن مراقبت کرد به مجردی که شروع به جوش نمود و روی آن کف کرد، قهوه‌جوش را ز روی حرارت کنار گذاشته و با قاشق غذاخوری کف آنرا که همان کره قهوه می‌باشد به هر یک از فنجان‌ها ریخته، سپس قهوه‌جوش را مجددا روی شعله گذاشته چند لحظه بجوش می‌آوریم و فنجان‌ها را پرکرده بین مهمانان سرو می‌کنیم.

اینک اصل مطلب:

۱ـ ابتدا باید تقریبا همه قهوه را بنوشید تا فقط ته مانده یا تفاله غلیظ آن در فنجان باقی بماند.

۲ـ نعلبکی را روی فنجان بگذارید و با دست چپ هر دو را نگاهدارید اکنون چشمها را ببندید و در ذهن و دلتان نیت کنید.

۳ـ اکنون با یک حرکت فنجان و نعلبکی را در جهت قلب خود بچرخانید بطوریکه نعلبکی زیر فنجان قرار گیرد.

۴ـ چند دقیقه صبر کنید تا ته‌مانده قهوه کاملا به طرف نعلبکی سرازیر شود و یا در داخل فنجان خشک شود.

۵ـ حال فنجان قهوه برای خواندن و تعبیر تصاویر و سمبلهای درون آن آماده است.

۶ـ شکلهای درون فنجان را نگاه کنید و با شکلهای کتاب مقایسه کنید و تعبیر آنرا بفال نیک بگیرید.

حرف: س

۱ـ آبشار: ترفیع مقام و پیشرفت اجتماعی.
در اثر کوشش و پشتکار ترفیع مقام پیدا
میکنید و پیشرفت اجتماعی شما محرز
خواهد شد.

۲ـ آب فشان: موفقیت و شادی
در آینده نزدیک موفقیت و شادی نصیب
شما خواهد شد.

۳ـ آتش: از تصمیم‌گیری عجولانه بپرهیزید.
مرور زمان به نفع شما خواهد بود.

۴ـ آتش فشان: در مقابل عشق کنترل خود را حفظ کنید.

سعی کنید کنترل خود را حفظ کنید در غیر اینصورت این عشق مشکلات شما را بیشتر میکند.

۵ـ آدم:

اگر نزدیک دسته باشد: ملاقات کننده‌ای خواهید داشت.

اگر آدم شکل تاریک و روشنی داشته باشد: اختلاف با اطرافیان.

اگر آدم موهای پرپشتی داشته باشد: کادو دریافت می‌کنید.

۶ـ آهو یا غزال: همسرباوفا، در سنت عبری و عربی سمبل بی‌گناهی، زیبایی و کمروئی

در طالع خود همسری باوفا و محبوب دارید که همیشه نگران شما می‌باشد.

۷ـ اردک: ازدیاد درآمد، سمبل: فرد کاردان با منابع مالی فراوان بـزودی و در آیـنده نزدیکی درآمـد شـما ازدیاد خواهد یافت.

۸ـ اژدهــا: تـغییرات غـیرمنتظره و مشکلات زیاد.
از اتفاقات غیرمنتظره و مشکـلات زیاد نهراسید و صبور باشید.

۹ـ اسب: خبرهای شاد و شروع یک عشـق سـمبل: آزادی، انـدام زیـبا، بخشندگی، پایداری، خیرخواهی، فهمیدگی، هوش، سرسختی و لجاجت و غرور، موفقیت و شکست شما بدانها بستگی دارد.
اگر در حال تاختن باشد: خبرهای شاد عشقی معنی می‌دهد.
اگر در حال ایستادن باشد: شــروع یک عشـق مـعنی می‌دهد.

۱۰ـ اسب بالدار: ازدواج مخفیانه

سعی نکنید راز خود را پنهان کنید بالاخره سر شما برملا خواهد شد.

۱۱ـ استکان: پیشرفت در اجتماع

از لحاظ جو اجتماعی نگران نباشید مسائل به نفع شما خواهد بود.

۱۲ـ اسکلت: بیماری یا از دست دادن پول.

در انتظار خبرهای بد باشید، بیماری یا از دست دادن ثروت.

۱۳ ـ انگور: خوشبختی

بزودی خوشبختی بزرگی نصیب شما خواهد شد.

۱۴ ـ بادبادک: مشکلات کوتاه مدت.

تا چشم بهم بزنید این مدت سپری می‌شود و مشکلات کوتاه مدت فراموش می‌شود.

۱۵ ـ بارو (قلعه): ناامیدی

ناامیدی شما را از پای درمیاورد، بهتر است با آن مقابله کنید.

۱۶ـ باز: خطر ناگهانی
از طرف حسودان خطر ناگهانی شما را تهدید می‌کند.

۱۷ـ بال: پیغام و نامه
از طرف محبوب خود بزودی پیغام و نامه دلپذیری دریافت می‌کنید.

۱۸ـ برج: بدشانسی در شغل
تاکنون در شغل بدشانسی نصیب شما شده ولی ناامید نباشید.

۱۹ـ بشقاب: جروبحث در خانه
در اثر بی‌توجهی شما جروبحث
شـدیدی در خـانه رخ مـی‌دهد
مواظب باشید.

۲۰ـ بچه: گرفتاریهای کوچک
از گرفتاریهای کوچک نهراسید عاقبت
برنده هستید.

۲۱ـ بزغاله: تـهدید از طـرف دشمنـان،
سـمبل: سرمـا، عـلامت زمستـان،
استقامت، مسافرت، بامداد، بـدبختی،
بلندپروازی و بی‌فکری در این کلمـات
رازی نهفته است.
در اثر یک معامله سود کلانی عاید شما
می‌شود و رقبا تهدیدتان خواهند کرد.

۲۲ـ بسته: دام

اگر این بسته باز باشد: از دام
رهائی پیدا می‌کنید.
اگر این بسته باز نباشد: گرفتار
خواهید شد.

۲۳ـ بشکه: شب نشینی

جشن و سرور برپا خواهد شد و شما در
یک شب نشینی شرکت می‌کنید.

۲۴ـ بطری: هشدار

هشدار به شخص تا مـواظب سـلامتی
خود باشد.

۲۵ـ بلبل: خوشحالی پیش‌بینی شده.
شیرینی، خواننده شاد و منادی بهار را
در راه دارید.

۲۶ـ بوقلمون: خودنمائی، غرور، عدم
موفقیت بویژه در امور نمایش

۲۷ـ بیل: موفقیت در اثر پشتکار
موفقیت در انتظار شما است از کوشش
باز نایستید.

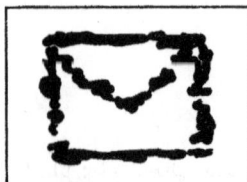

۲۸ـ پاکت: خبرها و مژده‌های شاد

خبرها و مژده‌های شاد در راه است ذوق

زده نشوید.

۲۹ـ پر: تن پروری

زندگی در نازونعمت شما را سخت

تن‌پرور و بیکار بار آورده است.

۳۰ـ پرچم: مشکلات زیاد از حد

آماده باشید با مشکلات زیاد از حد

دست و پنجه نرم کنید.

۳۱ ـ پرده: اسرار و رموز

آدم کنجکــاوی هســتید وهــمیشه

می‌خواهید از اسرار و رموز دیگران آگاه

باشید.

۳۲ـ پرگار: مسافرت و تغییر شغل
در مسافرتی که در پیش خواهید داشت
بشما خوش خواهد گذشت و تغییر
محسوسی در شغل شما فراهم می‌شود.

۳۳ـ پرنده: سمبل: آرزو، آزادی، پیام رسانی.
یک پرنده: مژده‌های خوبی در راه دارید.
تعداد زیادی پرنده: موفقیت در
سفر و عشق

۳۴ـ پروانه: ازدیاد درآمد، سمبل: برکت، خشنودی، سعادت، شادمانی و
عشق
ازدیاد درآمد خود را بیهوده خرج نکنید زندگی همین چند روز کوتاه
نیست که چون پروانه بدور گلها بگذرد کمی هم بفکر آینده باشید.

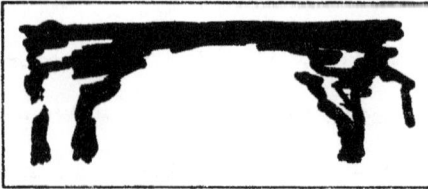

۳۵ـ پل: موفقیت مالی
در یک معامله بازرگانی سود کلانی می‌برید و موفقیت مالی نصیبتان خواهد شد.

۳۶ـ پلنگ: پنهان کاری و احتمال ضربه ناگهانی وجود دارد.

۳۷ـ پلیس: دشمنان مخفی
مواظب دشمنان مخفی باشید آنها خیال دارند به شما ضرر بزنند.

۳۸ـ پلیکـــان: اعــانه، انفــاق، خـیرخــواهــی، مـحبت والدیـن و مهــاجرت از خصلت‌هــای خـوب شماست

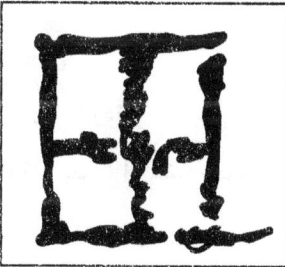

۳۹ـ پنجره:کمک از طرف دوست
اگر باز باشد از طرف دوستی کمک خواهید رسید و اگر بسته باشد ناامیدی.

۴۰ـ پنجه: دشمنان
با دشمنان مدارا کنید و خـود را بـه خطر نیاندازید.

۴۱ـ پنگوئن: آغاز دوستی
از هر فرصتی که دارید دوستی را با اطرافیان آغاز کنید و از کناره‌گیری بپرهیزید.

۴۲ـ تـابوت: اخبـار بـد و بدبینی
هرچه زودتر بـدبینی و افکار بد را از مغز خـود دور کنید و خود را نجات دهید.

۴۳ـ تاج: ارث و قدرت
در آینده ثروت و ارثی سرشار نصیب شما خواهد شد و قدرت و خوشبختی بدست می‌آورید.

۴۴ـ تخم‌مرغ: موفقیت مالی

از آینده نگران نباشید. موفقیت مالی از آن شما است.

۴۵ـ تبر: مشکلات زیاد

اگر نتوانید با مشکلات دست و پنجه نرم کنید شکست می‌خورید.

۴٦ـ تپه: مانع و عقب نشینی

بعلت مشکلات زیاد و مانعی که در سر راهتان است موقتا عقب نشینی کنید.

۴۷ـ تــرازو: مــیزان: مــوفقیت، نامیزان: شکست

اگر ترازوی اقبال شما میزان باشد، موفقیت شما حتمی است.

ولی اگر ترازوی اقبال شما نامیزان است در مراحل قانونی به ضرر شما تمام می شود.

۴۸ـ تلفن: به مکالمات اعتماد نکنید.

مدارک قانونی شما باید قرص و محکم باشد در غیر اینصورت از طریق مکالمه اعتماد نکنید.

۴۹ـ توپ: ورزش و کوهنوردی

تنهـا راه نجـات از این گرفتـاری و یا بیماری ورزش و کوهنوردی است.

۵۰ـ تیروکمان: رسوائی
اگر بکارهای غیرقانونی مشغول شوید
رسوائی بدنبال خواهد داشت.

۵۱ـ جارو: رفع گرفتاریهای کوچک
خانه دل را از غم و اندوه بزدائید چون
گرفتاریها مرتفع خواهد شد.

۵۲ـ جـغد: بـدگوئی و بدنامی، سـمبل:
بدنشانی، بلا، بیماری، مصیبت و مرگ
تلقی شده است.
تصویر نزدیک دسته: شکست مـالی و
زیان
اگر تصویر در ته فنجان باشد: اختلاف
خانوادگی، بدگوئی و بدنامی.

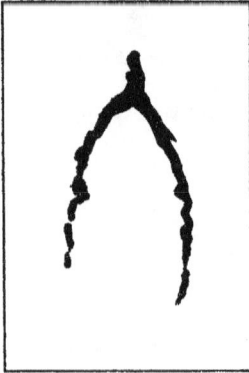

۵۳ـ جناغ: به آرزوی دیرینه رسیدن تمـام رویـاهـا و تخیلات شمـا عـملی می‌شود و به آرزوی دیرینه می‌رسید.

۵۴ـ جوجه: سرمایه‌گذاری در کاری که می‌خواهید سرمایه‌گذاری کنید نتیجه مطلوب در بردارد.

۵۵ـ جوجه تیغی: پرتو نور و خبرهای خوب در راه است.

۵۶- جیرجیرک: خوش شکونی، علامت تابستان، پیش بینی هوا، در موقع مسافرت به تغییرات جوی توجه داشته باشید.

۵۷- چادر: مسافرت دسته‌جمعی

در مسافرت دسته‌جمعی که در پیش خواهد بود بشما خوش خواهد گذشت.

۵۸- چاقو: بهم خوردن رابطه عشقی

اگر نزدیک دسته باشد: طلاق

اگر در ته فنجان باشد: دادگاه

اگر دوکارد همدیگر را قطع کرده باشند: با جروبحث و آبروریزی خاتمه پیدا می‌کند.

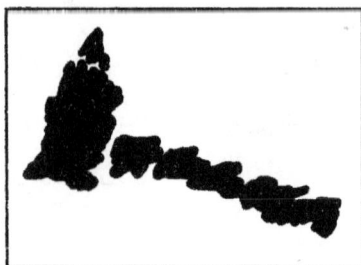

٥٩ـ چکش: غلبه بر مشکلات
شما بر مشکلات خود غلبه
پیدا می‌کنید، نگران نباشید.

٦٠ـ چترباراني: رنجیده خاطر
در مورد معشوق و یا نامزد تصمیم آنی
نگیرید، مرور زمان بنفع شماست.
ولی اگر از همسرتان رنجیده شده‌ایـد:
قدری کوتاه بیائید تا قضیه فیصله پیدا
کند.

٦١ـ چترنجات: رهائی و گریز از خطر
برای رهائی از خطر ناگریز هستید خود
را از مهلکه دور نگه دارید.

۶۲ـ چرخ وسائط نقلیه: موفقیت مطلق

نزدیک لبه فنجان: موفقیت مطلق، پول فراوان بدست شما می‌رسد.

نزدیک دسته فنجان: زیاد امیدوار نباشید.

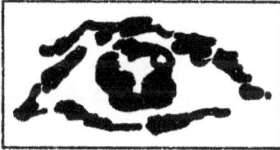

۶۳ـ چشم: در مورد مسائل مالی با احتیاط عمل کردن.

اطرافیان مواظب رفتار و اعمال شما هستند، با احتیاط باشید.

۶۴ـ چلچله: خوش‌شانسی، زندگی مرفه، تولدتازه و دریافت اخبار خوب از راه دور.

۶۵ـ چنگ: موفقیت در ازدواج

موفقیت شما در ازدواج حتمی است و همراه با لذت و موفقیت است.

٦٦ـ چنگال: دوستان ناباب و نادرست.

بهتر است دوستان و اطرافیان خود را مورد آزمایش قرار دهید ممکن است عده‌ای بعنوان دوست شما را به نابودی بکشانند.

٦٧ـ چنگک: موفقیت در کاری پردرآمد.

موفقیت در کاری پردرآمد حتمی است.

٦٨ـ حصار: محدود در رشته فعالیت

چند صباحی رشته فعالیت خود را محدود کنید و با احتیاط پیش بروید.

٦٩ـ حلزون: آهستگی، اختفا، گناه و بدگوئی.

از گناه و بدگوئی حذر کنید.

۷۰ـ حلقه ازدواج:

نـزدیک دسـته فنجـان: ازدواج بـرای مجردین

نزدیک وسط فنجان: خواستگاری

ته فنجان: نامزدی

حلقه کامل: خوشبختی در زناشوئی

حلقه شکسته: بهم خـوردن نامزدی و زناشوئی

۷۱ـ خار: رنج و زحمت

برای بدست آوردنش باید رنج و زحمت کشید.

که اندر این راه خارها باشد.

۷۲ـ خانه: تأمین مالی

نگران آینده نباشید وضع مالی شما تأمین خواهد بود.

۷۳- خر: خونسردی خود را حفظ کنید.
سمبل: بردباری، خونسردی، دشمنی، کینه‌توزی و لجاجت
برای حصول موفقیت باید در مقابل بدگوئیها خونسرد باشید.

۷۴- خرچنگ: دشمنان مخفی. سمبل: بی‌ثباتی، جدائی، دوری، هرج و مرج
با احتیاط و دوراندیشی باید مواظب دشمنان مخفی بود.

۷۵- خرس: تندخوئی، ترشروئی، خشونت و ناشیگری.
از این خصلت‌ها دوری کنید.

۷۶ـ خرگوش: ترس و بزدلی. سمبل: بی‌ثباتی و خطر را آگهی می‌دهد. پای خرگوش: شانس خوب.
برای رسیدن به هدف باید ترس و بزدلی را کنار بگذارید.

۷۷ـ خروس: اخطار، مواظبت، آماده‌باش، رمزی است برای شما.

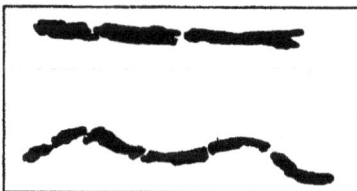

۷۸ـ خط مستقیم: پیشرفت در زندگی. خط خمیده: مشکلات در زندگی

۷۹ـ خفاش: تـاریکی، حـرص و طـمع تـا سـرحـد دیـوانگی وعـاقبت ناخوش آیند.

از این تصمیم دوری کنید.

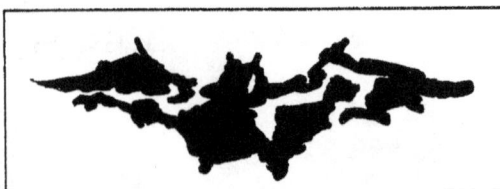

۸۰ـ خورشید: روشنی، قدرت.

خـورشید زنـدگی شمـا طـلوع کرده: روشنی و قـدرت نصیب شما خواهد شد.

۸۱ـ خنجر: خطر بزرگ.

به دوستان ناباب اعتماد نکنید: خـطری بـزرگ شمـا را تـهدید می‌کند.

۸۲ـ خوک: مشکلات عشقی، موفقیت مالی.

در راه کسب و کار موفقیت مالی بدست می‌آورید ولی عشق را فعلا فراموش کنید.

۸۳ـ دامن: ناامیدی در عشق.

تا حال چندبار در عشق ناامید شده‌اید، باز هم خواهید شد.

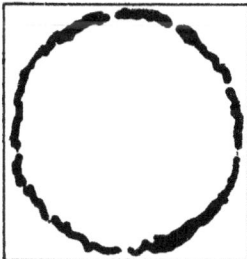

۸۴ـ دایره: موفقیت در تحصیل.

برای دانشجویان موفقیت در تحصیل و برای جوانان و عاشقان مژده در راه است.

۸۵ـ دست: دوستی و آشتی.

دست دوستی و آشتی را با محبت و دلگرمی بپذیرید.

۸۶ـ دست‌بند: هدیه‌ای گرانبها.

بزودی هدیه‌ای گرانبها دریافت می‌کنید.

۸۷ـ دستکش: اختلاف فامیلی.

برای رفع اختلاف فامیلی پیش قدم شوید.

۸۸ـ درب بسته: بدشانسی و زیان. درب باز: بمراد دل رسیدن.

۸۹ـ درخت: تغییرات مثبت در زندگی. از تغییرات مثبتی که در زندگی شما بوجود می‌آید لذت فراوانی می‌برید.

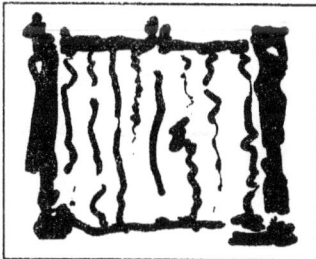

۹۰ـ دروازه: موفقیت اجتماعی از نامزدی و کاندیدای در کارهای مهم نهراسید، موفقیت اجتماعی در انتظار شما است.

۹۱ـ دلقک: شـــرکت در جشـــن و میهمانی.
خـود را بـرای شـرکت در جشـن و میهمانی مجللی آماده کنید.

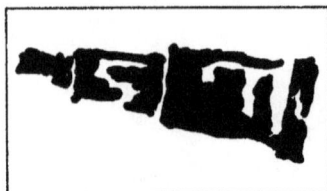

۹۲ـ دوربین: زندگی ماجراجویانه.
از زندگی ماجراجویانه لذت می‌برید ولی ادامه آن به صلاح شما نیست.

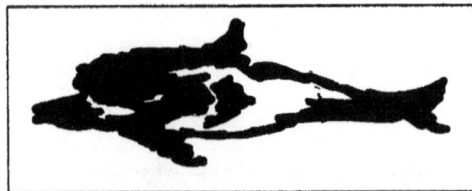

۹۳ـ دولفـــین: آرامـی، آزادی، خــوشی، لذت، خیرخواهـی، دریـــا، سخـــاوت و رستگاری.
رمز خوبی برای شما دربر دارد.

۹۴ـ دیو: وحشت.

بدبینی را کنار بگذارید و از مشکلات

وحشت نکنید.

۹۵ـ راه‌آهن: مسافرت طولانی.

یک مسافرت طولانی و پرماجرا در

انتظار شما است.

۹۶ـ راهبه: رسوائی.

مواظب باشید خطر یک رسوائی شما را

تهدید می‌کند.

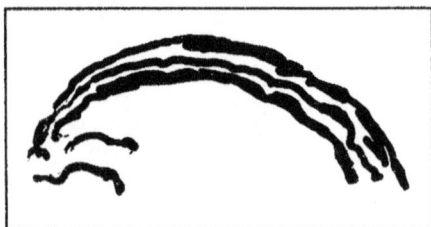

۹۷_ رنگین‌کمـــان: خوشبختی.

خود را برای خوشبختی بزرگ آماده کنید.

۹۸_ رقــم: زمـان وقــوع حادثه.

شمـاره و رقمی که در فنجان مشـاهده می‌کنید زمان وقوع حـادثه را به تقریب نشان می‌دهد.

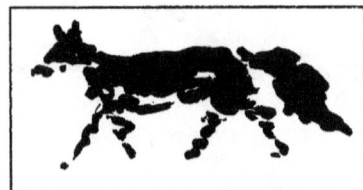

۹۹_ روبـــاه: دوستـان دورنگ. ســمبل: احتیــاط، بـدجنسی، حرص، دوبهم‌زنی و کینه‌توزی از دوستان دورنگ بپرهیزید.

۱۰۰ـ رقاصه: ناامیدی در عشق.

شاید امروز در عشق ناامید شده‌اید ولی این بت رعنا باز هم به سراغ شما خواهد آمد.

۱۰۱ـ زنبور: (دشمنان آزاررسان) شخص مزاحم و ناراحت

۱۰۲ـ زنبورعسل: پاکدامنی، پشتکار، خوشحالی، شیرینی، نجابت خانوادگی، حتما خوشحال می‌شوید.

۱۰۳ـ ساختمان: تغییرخانه.
در آینده به ساختمان جدیدی
تغییر محل خواهید داد و صاحب
خانه بهتر خواهید شد.

۱۰۴ـ ساس: جن، دیو، روح.
از اسامی جن، دیو و روح وحشت دارید.

۱۰۵ـ ساعت دیواری: بهبودی از بیماری.
نگران کسالت خود نباشید به مرور زمان
بهبود خواهید یافت.

۱۰۶ـ سبد: تولد فرزندی خوش شانس.
اگر تصویر نزدیک دسته فنجان باشد:
خوشی زیاد نصیبتان می‌شود.
اگر تصویر در ته فنجان باشد: بچه خوش
قدمی به زندگی شما قدم می‌گذارد.

۱۰۷ـ ستاره: سلامتی و خوشبختی
ستاره ۶ پر: ثروت
ستاره ۸ پر: تصادف
اگر ۷ ستاره در کنار هم دیده شود: مرگ
عزیزی را خبر می‌دهد.
تصویر ستاره دنباله‌دار: اگر نزدیک دسته باشد: مسافرت خوبی در پیش
است.
تصویر ستاره دنباله‌دار اگر در ته فنجان باشد: ملاقات ناگهانی، مهمان
ناخوانده خواهید داشت.

۱۰۸ـ سر: فرصت‌های جدید.
از فرصتهای جدیدی که در اختیار شما
قرار می‌گیرد حداکثر استفاده را ببرید.

۱۰۹ـ ستون: پیشرفت و ترفیع مقام.

ستونهای بیشتر: پیشرفت مقام و مشهور شدن.

تعبیر: دارای حس ششم قوی هستید.

پیشرفت و ترفیع مقام شما حتمی است.

۱۱۰ـ سکه: رها شدن از قرض و بدهی.

مژده بر شما که بزودی از قرض و بدهی رهائی خواهید یافت.

۱۱۱ـ سگ: دوستان باوفا. سمبل: صداقت، صمیمیت، فداکاری، مهربانی، وفاداری و همراهی

قدر دوستان باوفای خود را بدانید.

۱۱۲ـ سگ آبی: ابتکار، اختراع، استادی، شـهرت، مـهندسی، عـقل و مهربانی. اینهم رمزی دارد.

۱۱۳ـ سنجـاب: غـلبه بـر مشکـلات. سمبل: بـلندآوازگی، شأن و مقـام، نشاط و سرور.
ابرهای تیره در آسمان زندگی شما به کنار رفته و شما بر کلیه مشکـلات فائق می‌شوید.

۱۱۴ـ سوارکار: اخبار نه چندان مثبت. این اخبار ناراحت کننده بطور گذری فکر شما را مشغول می‌کند. وحشت نکنید.

۱۱۵- سوزن: در اثر کار فوق‌العاده‌ای تحسین می‌شوید.

۱۱۶- سوراخ کلید: جاسوسی و دشمنی از طرف حسودان.
سعی کنید کسی از اسرار شما آگاه نشود اگر بدست دشمنان بیفتد برعلیه شما بکار می‌رود.

۱۱۷- سوسمار: دوستان نیرنگ باز.
قبل از آنکه به شما ضربه وارد کنند از آنان دوری جوئید.

۱۱۸ـ سوسک: آبروریزی.
مـواظب بـاشید در کـاری کـه احتمـال آبروریزی و رسوائی است شرکت نکنید.

۱۱۹ـ سیب: موفقیت شغلی
در کار و مسئولیت‌های شغلی موفقیت‌های بسیار عالی نصیبتان می‌شود.

۱۲۰ـ سیگار: دوست جدید.
از پیشنهـاد دوست جـدید خوشحال می‌شوید ولی مواظب باشید عاقبت دست شما نسوزد.

۱۲۱ـ شـــاخ: فـراوانـی و وفـور نعمت.

از وفور نعمت که در اختیار شما است. قدرشناس بـاشید و آنرا بیهوده تلف نکنید.

۱۲۲ـ شانه: از دوستان فریبکار بپرهیزید.

عنان اختیار خود را بدست افراد بظاهر دوست ندهید.

۱۲۳ـ شتر: اخبار و مژده‌های شاد. سمبل: استقامت، ثابت‌قدم، متانت، کارسخت و طاقت‌فرسا.

مدتی باید در انتظار باشید تا اخبار و مژده‌های شاد بگوش شما برسد.

۱۲۴ـ شترمرغ: مسافرتی دلپذیر در خارج

شانس مسافرتی دلپذیر برای خارج در انتظار شماست از حال خود را آماده کنید.

۱۲۵ـ شیر: دوستان بسیار بانفوذ. سمبل:

پارسائی، شجاعت، عقل، پیروزی و طلسم تندرستی.

از دوستان بانفوذ خود حداکثر استفاده را خواهید برد.

۱۲۶ـ شیطان: دزدی و غارت

احتمال دزدی و غارت زندگی شما را تهدید می‌کند احتیاط کنید.

۱۲۷ـ شمع: صلح و صفا

صلح و صفا جانشین کدورت‌ها می‌شود اگـر بدنبـال تـحصیل هسـتید مـوفق می‌شوید مخصوصا نویسندگی را دنبال کـنید. اگـر کسـی در بند است آزاد می‌شود.

۱۲۸ـ صلیب: تحمل و فداکاری

تعدادی صلیب: ازخودگذشتن

اگر داوطلب انجام کـار خیری هسـتید تأخیر نکنید تحمل و فداکاری زیاد لازم است.

۱۲۹ـ صورت: تغییر موفقیت اجتماعی.

صورتهـای بیشتر شـرکت در جشـن عروسی و شب‌نشینی.

۱۳۰ـ صندلی: مهمان ناخوانده. مهمان ناخوانده‌ای خواهید داشت و مژده‌هـای خـوبی بـرایتـان بـه ارمغـان می‌آورد.

۱۳۱ـ طاووس: ازدواج با شخص ثروتمند. سمبل: پادشاهی، تحمل، تکبر، جلال و شکوه، زندگی توأم با عشق. طاووس خوابیده: افسوس و پشیمانی. شـانس ازدواج بـا شخص ثـروتمندی دارید و زندگی مجللی در انتظار شما است.

۱۳۲ـ طـــوطی: غــیبت، زودرنـجی، روده‌درازی، افتراء و تهمت بپرهیزید تا موفق شوید.

۱۳۳ـ عصا: دیدار با دوستان دوردست.
از اقوام و دوستان دوردست دیدار کنید
و دل آنها را بدست آورید.

۱۳۴ـ عقاب: اخطار، حذر از سفر. سمبل:
رعدوبرق، شیطان، طوفان و ناسازگاری
برای مدتی مسافرت خود را بـه تأخیر
اندازید، احتمال تصادف وجود دارد.

۱۳۵ـ عقرب: آتش، اهانت، بدجنسی، تحقیر، دردورنج و خسارت.

۱۳٦ـ غاز: دعوت به مهمانی و جشن.
سمبل: بیداری، پاکی روان، عشق و سعادت زناشوئی.
به مجلس باشکوهی دعوت خواهید شد و به شما بسیار خوش خواهد گذشت.

۱۳۷ـ فاخته (کوکو): بی‌عفتی، تصرف عدوانی، تقلب، روابط نامشروع، غضب.
راز آنرا کشف کنید.

۱۳۸ـ فشنگ: خطر
کله‌شقی نکنید مواظب اعلام خطر باشید و در موقع رانندگی تابلوهای خطر را در نظر داشته باشید.

۱۳۹ ـ فرشته: اخبار بسیار شاد.

فرشته خوشبختی در راه است و برایتان

اخبار شادی را به ارمغان دارد.

۱۴۰ ـ فنجان: جایزه و پاداش.

در اثر کوشش و ممارست و یا یک کار

ابتکاری جالب جایزه و پاداش دریافت

می‌کنید.

۱۴۱ ـ فـیـل: دوست بسیـار دانشـمند.

سمبل: وقار، زیرکی، طول عمر، قدرت

و پیروزی.

از دوستان دانشمند خود کناره‌گیری

نکنید آنان نقش مؤثری در زندگی شما

خواهند داشت.

۱۴۲ـ قـارچ: مسـافرت بـه کشـوری دوردست.

طالع شما شانس به کشورهای دوردست را نشان می‌دهد.

۱۴۳ـ قایق: مهاجرت.

ممکن است برای انجام کار و یا ملاقات با دوست قدیمی ناچار شوید مهاجرت کنید.

۱۴۴ـ قایق توریستی: عشق و مسافرت در یک مسافرت توریستی عشق به سراغ شما خواهد آمد.

۱۴۵ـ قرقاول: تجمل، زیبائی در انتظار شمااست.

۱۴٦ـ قصر: استفاده مالی بسیار.

در یک ازدواج و یـا معـامله بـازرگانی استفاده مالی زیادی نصیبتان می‌شود.

۱۴۷ـ قفس (باز): رهـائی از گرفتـاری و زندان.

قفس بسته: دربند و اسیر شدن.

۱۴۸ـ قفل: موانع زیاد در سر راه هدفها. برای رسیدن به مقصود باید از موانع زیادی بگذرید.

۱۴۹ـ قلم‌مو: رفع پریشانی. بزودی غم و پریشانی از دل شما پاک خواهد شد.

۱۵۰ـ قمری: آرزوهای رفیع برآورده می‌شود. سمبل: پاکدامنی، تواضع، روح عشق و فداکاری.

۱۵۱ـ قو: زندگی آرام و بدون دردسر. سمبل: ابلاغ پیام الهی، ایمان، برتری و وفاداری.
شما نیازمند به یک زندگی آرام و بی‌دردسر دارید در غیراینصورت سلامتی شما به خطر خواهد افتاد.

۱۵۲ـ قورباغه: احتیاط. سبمل: افکار و عقـایـد بـیـهوده، بـی‌احتیـاطی و بی‌خردی.
تعبیر: اخطار خطر.
بـا احتیـاط عـمل کـنید و نـاگهانی تصمیم نگیرید.

۱۵۳ـ قوری: جلسه مذاکره.
بـرای رفع مشکـل نیـاز بـه جـلسه مذاکره دارید تا با همفکری محیط خانواده و یا اداری را بهتر سازید.

۱۵۴ـ قیچی: اختلاف خانوادگی.
اطرافیان آرامش زندگی شما را بهم می‌زنند.

۱۵۵ـ کانگورو: آرامش و رفع اختلاف خانوادگی. سمبل: امنیت، تفریح، گفتگوی خودمانی.
شما نیاز به آرامش و رفع اختلافات خانوادگی دارید.

۱۵۶ـ کبک: احتمال دوبهم‌زنی، موذیگری وجود دارد.

۱۵۷ـ کبوتر: خوش‌شانسی. سمبل: عشق خالصانه و پاک.
خوش شانسی بشما روی آورده قدر آنرا بدانید.

۱۵۸ـ کت: پایان دوستی.

هیچوقت دوستی پایان ندارد، طرز فکر خود را عوض کنید.

۱۵۹ـ کتاب: موفقیت در تحصیل و مسائل قانونی.

موفقیت در تحصیل برای شما حتمی است و درباره مسائل حقوقی نیز صددرصد برنده هستید.

۱۶۰ـ کتری: بیماری زودگذر و سطحی.

دوران رنج و یا بیماری شما بسیار زودگذر است.

۱۶۱ـ کرم: دردسرهای کوچک.

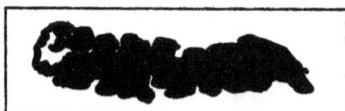

۱۶۲ـ کرم ابریشم: دوستان بسیار مفید. سمبل: پاکی، پرهیزگاری، تقوی و صنعت.
دوستان خوب و بسیار مفید شما سعادت آفرینند.

۱۶۳ـ کره خر: قهر با دوستان.
هیچوقت برای رسیدن به مقصود با دوستان خود قهر نکنید. به ضرر شما است.

۱۶۴ـ کشتی: لذت جوئی.
دوران خوشی و لذت جوئی خیلی زودگذر است سعی کنید کشتی زندگی را به ساحل نجات برسانید.

۱۶۵ـ کفتار: دزدی، سرقت و چپاول.
سمبل: پلیدی، پنهان‌کاری، فریب و نیرنگ.
اگر زندگی شما در معرض دزدی و چپاول قرار گرفته نگران نباشید اموال شما پیدا خواهدشد.

۱۶۶ـ کفش: ورزش، مسافرت.
برای رفع خستگی روحی نیاز به ورزش و مسافرت دارید.

۱۶۷ـ کلاغ سیاه: اخبار بد.
سمبل: دزدی و دوبهم‌زنی، سخن‌چینی و بیماری.
بدبینی را کنار بگذارید و انتظار اخبار بد را نداشته باشید.

۱٦٨ـ کلاه: تـغییرات مسـاعد در فعالیت.
بـا اراده و پشتکـار مـی‌توانـید تغییرات مثبت در زندگی ایجـاد کنید.

۱٦٩ـ کلید: موفقیت همه‌جانبه.
دو کلید، بصورت صلیب: دزدی.

۱۷۰ـ کلیسا: پول غیرمنتظره.
از پول و ثروتی که در انتظار شماست سعی کنید مقداری از آنرا در راه خدا مصرف کنید.

۱۷۱ـ کوه: خوشبختی دائمی. شما مرد خودساخته و مبتکری هستید و می‌توانید خوشبختی را از آن خود سازید.

۱۷۲ـ گاو: فراوانی محصول و نعمت در کشاورزی.

۱۷۳ـ گربه: فریب و ریا از طرف دوستان. سمبل: بی‌رحمی و بی‌وفائی، خیانت و دزدی.

۱۷۴ـگردن‌بند سالم: آغاز دوستی.
گردن‌بند پاره: قهر و جدائی.

۱۷۵ـگل: کادو.
در اثر تغییراتی که در زندگی شما پیدا
می‌شود کادوهای زیادی از دوستان
می‌رسد.

۱۷۶ـگلابی: رفع مشکلات مالی.
پایان مشکـلات مـالی فرامی‌رسد و
تحولات جدیدی فراهم می‌شود.

۱۷۷ ـ گل سرخ: شهرت.

در اثر یک اقدام متهورانه و یا ابتکار مشهور می‌شوید.

۱۷۸ ـ گرگ: حسادت و خیانت.

حسادت زیاد ممکن است منجر به خیانت شود.

۱۷۹ ـ گله گاو: خوشبختی، کشاورزی، وفور لبنیات.

۱۸۰ـ گورخر: زندگ ناآرام.

برای نجات از زندگی ناآرام، تحول و تغییر اساسی در وضع خود ایجاد کنید.

۱۸۱ـ گوسفند: خوشبختی و آرامش.

بزودی آرامش و خوشبختی جایگزین ناراحتی‌ها خواهد شد.

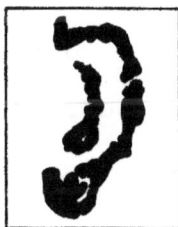

۱۸۲ـ گوش: اخبار غیرمنتظره.

بدبینی را کنار بگذارید تا کمتر در فکر اخبار غیرمنتظره باشید.

۱۸۳ـ لاک پشت: انتقاد.

آسیب ناپذیری و محفوظ از خطر.
از انتقاد نهراسید و از اشتباهاتی که
مـرتکب مـی‌شوید خـود را پنهان
نسازید.

۱۸۴ـ تصویر لامپ:

نزدیک دسته: پول

نزدیک لبه فنجان: جشن

۲ عدد: ازدواج

در ته فنجان: از دست دادن چیز گرانبها.

۱۸۵ـ لانه:

اگر بفکر ساختن خانه و کاشانه خود و یا
دیگری هستید بخود تردید راه ندهید.

۱۸۶ـ لک لک: آبستنی، فرزندی، احترام، فراوانی و قاصد خوشبختی.
راز آنرا کشف کنید.

۱۸۷ـ لنگر: مسافرت و موفقیت شغلی.
موفقیت شغلی و مسافرت تفریحی و سودآور در انتظار شماست.

۱۸۸ـ لوبیا: برای صاحب ملک شدن شانس خود را در کشاورزی امتحان کنید.

۱۸۹ـ مار: با احتیاط بودن. سمبل: پلیدی، حیله‌گری و خیانت. احتمال خصومت و دشمنی در زندگی شما وجود دارد.

۱۹۰ـ ماسک خندان: خبرهای خوش. ماسک گریان: خبرهای بد.

۱۹۱ـ ماشین: خوش شانسی. بزودی خوشبختی‌های پی‌درپی بشما روی می‌آورد و چشمها را خیره می‌کند.

۱۹۲ـ ماه: عشق و نامزدی.
ماه محاط دربین نقطه‌های مختلف:
ازدواج بخاطر پول را خبر می‌دهد.

۱۹۳ـ ماهی: سلامتی و ثروت. سمبل:
فراوانی، قدرت تولید، خوشبختی و
خوشحالی.
سلامتی و ثروت ارمغان خدادادی است
قدر آنرا بدانید.

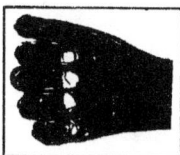

۱۹۴ـ مشت: دعوا و جدال.
از دعوا و جدال نتیجه‌ای نخواهید
گرفت، سعی کنید از طریق دوستی وارد
شوید.

۱۹۵ـ مرغ: صرفه‌جوئی و مراقبت را
پیشه خود سازید تا موفق شوید.

۱۹۶ـ مگس: دردسـر، اذیت و احتمالا صـدمه در راه است. بـا درایت و دوراندیشی رفع خطر می‌شود.

۱۹۷ـ ملخ: سمبل: انهدام، تنبیه الهـی و قحطی.

تعبیر: خسارت و زیان مالی.

۱۹۸ـ موش: دزدی. سمبل: پلیدی قریب‌الوقوع و انهدام.

تعبیر: از دست دادن پول قرضی.

احتمال دزدی پیش‌بینی می‌شود، از ثروت خود حراست کنید.

۱۹۹ـ مورچه: مـوفقیت در اثر پشتکـار.
سمبل: اقتصاد، پشتکـار، دورانـدیـشی،
نظم و ترتیب را پیشه کنید تا موفق شوید.
نابرده رنج گنج میسر نمی‌شود، مزد آن گرفت جان برادر که کار کرد.

۲۰۰ـ میخ: بی‌عدالتی و زخم‌زبان.
اگر به کار خود اطمینان دارید، از
بـــیعدالتی‌هـــا و زخم‌زبـــانها
نهراسید.

۲۰۱ـ میمون: رفیق مشکل‌ساز.
سمبل: بـدخواهـی، چاپلوسـی،
زیان‌رسانی و کینه‌توزی.
در بین دوستان رفیقی دارید که
برایتان مشکلات فراوانی فراهم
کرده است هـرچـه زودتـر او را
دست به سر کنید.

۲۰۲ـ میوه: ترفیع مقام.

بزودی ترفیع مقـام اداری و یا اجتماعی پیدا می‌کنید، دوستـان را فراموش نکنید.

۲۰۳ـ نامه: در انتظار خبرهای خوب.

خبری که مدتها در انتظارش بودید بـزودی بـا مسـرت بـدست مشا می‌رسد.

۲۰۴ـ ناقوس: اخبار جدید.

بزودی اخباری خـوش‌یمن بگـوش شما می‌رسد.

۲۰۵ـ نرده‌بام: ثروت و شهرت.

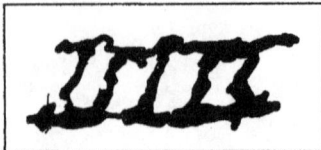

تـرفیع مقـام بـرای شمـا پیش‌بینی مـی‌شود از سـعی و کـوشش بـاز نمانید.

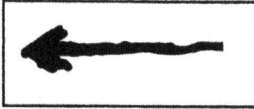

۲۰۶ ـ نیزه: مسافرت دریائی.
اگر در یک سفر دریائی شرکت کنید،
شـانس بیشتری به شمـا روی می آورد.

۲۰۷ ـ نیم رخ: دوستی جدید و باوفا.
نگـران نبـاشید بزودی دوست مهربان و
باوفای خود را می یابید.

۲۰۸ ـ نیمکت: در انتظار بازنشستگی باشید.
بـا پس انـداز در روزهـای جـوانی بـفکر
روزهای بازنشستگی باشید.

۲۰۹ـ نهنگ: قــدرت و غـلبه بـر
مشکـلات. سـمبل: شیطان،
احساسات تند، فاقد تعقل و
تفکر. با قدرت و شخصیت در
مقابل مشکلات ایستادگی کنید
تا موفق شوید.

۲۱۰ـ هواپیما: مسافرتی دلپذیر و
غیرمنتظره.
خـــود را بــرای مســافرتی
غیرمنتظره و دلپذیر آماده کنید.

۲۱۱ـ هــــدهد: پــرنده پیغــام و
رازنگهدار حضرت سلیمان. راز
خود را با همه در میان نگذارید.

زندگینامه: آقای احسانی خوانساری فارغ التحصیل از دانشگاه آمریکائی بیروت میباشند. ایشان برای نوشتن کتاب فال قهوه، با دست اندرکاران این فن در ایران، لبنان، یونان وترکیه مصاحبه نموده تا توانستند به راز و رمز آن پی ببرند و برای هر شکلی که در فنجان نقش میبندد پیشگوئی کنند. ایشان مبتکرتأسیس سازمان ملی انتقال خون ایران بوده و سرپرستی افتخاری پایگاه انتقال خون درشهرستان خوانسار را نیز به عهده داشته اند. بعد ازتحقیقات در رشته کاری خود وگرداوری وترجمه کتابهای متعدد پزشکی و تغذیه، نظیر کتاب "چگونه جوان بمانیم" را نیز به خوانندگان عزیزتقدیم داشته اند.

انتساب طرح‌ها: